U0459559

　　陇东学院乡村振兴研究院"陕甘宁革命老区乡村振兴"专项课题研究成果

　　陇东学院博士基金项目"新基建新能源新产业推动甘肃革命老区乡村振兴路径探索"阶段性研究成果

中国模式

现代乡村全面振兴探究

赵铁军◎著

光明日报出版社

图书在版编目（CIP）数据

现代乡村全面振兴探究 ／ 赵铁军著 . -- 北京：光
明日报出版社，2024.7. -- ISBN 978 - 7 - 5194 - 8086 - 8

Ⅰ. F320.3

中国国家版本馆 CIP 数据核字第 2024HA8183 号

现代乡村全面振兴探究

XIANDAI XIANGCUN QUANMIAN ZHENXING TANJIU

著　　者：赵铁军

责任编辑：王　娟　　　　　　　责任校对：许　怡　乔宇佳

封面设计：中联华文　　　　　　责任印制：曹　净

出版发行：光明日报出版社

地　　址：北京市西城区永安路 106 号，100050

电　　话：010-63169890（咨询），010-63131930（邮购）

传　　真：010-63131930

网　　址：http://book.gmw.cn

E - mail：gmrbcbs@ gmw.cn

法律顾问：北京市兰台律师事务所龚柳方律师

印　　刷：三河市华东印刷有限公司

装　　订：三河市华东印刷有限公司

本书如有破损、缺页、装订错误，请与本社联系调换，电话：010-63131930

开　　本：170mm×240mm

字　　数：174 千字　　　　　　印　　张：13.5

版　　次：2025 年 1 月第 1 版　　印　　次：2025 年 1 月第 1 次印刷

书　　号：ISBN 978 - 7 - 5194 - 8086 - 8

定　　价：85.00 元

总　序

在脱贫攻坚取得全面胜利以后，我国"三农"工作重心历史性地转向全面推进乡村振兴，并朝着共同富裕的目标不断迈进。实施乡村振兴战略，是党中央从党和国家事业全局出发、着眼于实现"两个一百年"奋斗目标、顺应亿万农民对美好生活的向往做出的重大决策，是新时代"三农"工作总抓手，是关系全面建设社会主义现代化国家的全局性、历史性任务。

民族要复兴，乡村必振兴。党的十八大以来，以习近平同志为核心的党中央坚持把解决好"三农"问题作为全党工作的重中之重，不断推动"三农"工作理论创新、实践创新和制度创新，农业农村发展取得了历史性成就，发生了历史性变革，为党和国家事业开创新局面奠定了坚实的基础。乡村振兴，既要塑形，也要铸魂。在这一新的历史背景下，乡村社会和民众的内生动力日益凸显出来。当前学术界对于乡村振兴重要论述的研究主要集中在其生成逻辑、理论内涵与实践路径等方面，但是以马克思主义"三农"思想为指导，镜鉴和超越发展经济学相关理论，深入研究中国特色社会主义乡村振兴道路的理论成果相对较少。

革命老区是党和人民军队的根，是中国人民选择中国共产党的历史见证。而大部分革命老区位于多省交界地区，很多仍属于欠发达地区。

为加大对革命老区的支持力度，近年来国务院出台的《国务院关于新时代支持革命老区振兴发展的意见》和国家发展和改革委员会公布的国务院批复的《"十四五"特殊类型地区振兴发展规划》等多个涉及革命老区振兴的指导性文件，实施部署了一批支持措施和重大项目，助力革命老区如期打赢脱贫攻坚战，持续改善基本公共服务，发挥特色优势推进高质量发展，为全面建成小康社会做出了积极贡献。

陕甘宁革命老区是党中央和中国工农红军长征的落脚点，又是八路军奔赴抗日前线的出发点。这里曾是老一辈无产阶级革命家战斗和生活的地方，是爱国主义、革命传统和延安精神教育基地。随着新一轮西部大开发的深入推进和全面建设小康社会进程加快，陕甘宁革命老区发展面貌发生了巨大变化。陕甘宁革命老区生态地位重要、土地资源丰富，但由于水资源匮乏，生态环境整体脆弱。区域内大部分地区属于典型的黄土高原丘陵沟壑区，山、川、塬兼有，沟、岇、梁相间，地貌类型多样，虽然拥有子午岭、玉华山等大片原始次生林，是国家重要的生态屏障，但土地、荒滩、沙地面积大，年均降雨量只有200~500毫米，人均水资源总量仅为全国平均水平的15%，在乡村振兴战略实施方面与东部地区相比，发展不平衡的问题十分明显。

作为地处陕甘宁革命老区的普通高校，陇东学院坚守建设西部高水平应用型本科院校办学定位，努力建设与区域经济社会发展良性互动的高水平应用型大学。陇东学院乡村振兴研究院着眼于解决陕甘宁革命老区农村经济发展相对滞后、现代产业体系尚未形成、高效交通网络仍需完善、基本公共服务水平有待提高、振兴发展所需人才短缺等发展难题，着力探索健全促进农村经济发展长效机制、推动城乡融合、发展特色产业、完善政策体系，持续增强内生发展动力，不断增进民生福祉，开拓乡村振兴发展新局面。

为更好地把握陕甘宁革命老区乡村振兴战略的发展走向，更好地增强新时代做好革命老区"三农"工作的历史主动性，陇东学院乡村振兴研究院设立了"陕甘宁革命老区乡村振兴"专项研究课题，本套丛书正是课题研究的阶段性成果，共分为五本，分别研究老区乡村产业、人才、文化、生态、组织振兴方面的问题。希望本套丛书能够为陕甘宁革命老区乡村振兴战略更好实施，贡献我们的智慧。由于团队水平有限，加之研究工作受到新冠疫情干扰，很多调研工作不深入，书中难免出现谬误，敬请专家和读者批评指正。

陇东学院院长　辛刚国

2023 年 8 月

序

　　习近平总书记多次指出，建设现代农业产业体系、生产体系、经营体系，是建设现代农业和实现农业现代化的"重点""抓手"，是农业农村高质量发展的重要任务、重大举措和前进方向。实施乡村振兴，实现农业现代化，推动农业全面升级、农村全面进步、农民全面发展，是实现中国式现代化建设必不可少的重要内容。中央农村工作会议明确提出乡村振兴战略"三步走"的目标任务，擘画到2035年基本实现农业农村现代化的战略蓝图。这就意味着，从"十四五"开始，党和政府"三农"工作的中心是实施全面乡村振兴战略。

　　实施乡村振兴战略，必须坚持农业农村优先发展，坚持农民主体地位，坚持因地制宜、循序渐进，构建特色鲜明、优势突出的现代产业体系，高端智能、标准高效的现代生产体系，规模经济、健康持续的现代经营体系，统一开放、竞争有序的现代市场体系。构建特色鲜明、优势突出的现代产业体系，是实现乡村全面振兴、实现农业农村现代化的根本任务，其核心是因地制宜、发展特色优势农业。构建高端智能、标准高效的现代农业生产体系，是实现乡村全面振兴、实现农业农村现代化的重大任务，其核心是改造传统农业、发展现代农业。构建规模经济、健康持续的现代经营体系，是实现乡村全面振兴、实现农业农村现代化的重大任务，其核心是发展适度规模经营。构建统一开放、竞争有序的现代农业市场体系，是实现乡村全面振兴、实现农业农村现代化的重要内容，其核心是发展完善各类生产要素市场。

本书以习近平总书记农业农村现代化建设重要思想为指引，聚焦西北干旱地区现代农业发展实际，探讨现代农业发展的产业、生产、经营、市场体系建设经验、实施路径。全书共分六章。第一章绪论部分主要阐述了乡村产业振兴的研究背景、研究内容；第二章主要回顾了乡村产业振兴的研究现状与经典理论；第三章重点阐述现代乡村产业体系的内涵构成、国际经验及思路对策；第四章重点阐述现代农业经营体系的内涵、理论依据、经验及思路对策；第五章重点阐述现代农业生产体系的内涵构成；第六章重点阐述现代农业市场体系的理论依据、发展现状、核心内容及保障。

本书结构清晰，表达流畅，通俗易懂，力求为乡村振兴相关研究人员、基层工作者及爱好者提供一定的参考价值和借鉴意义。由于作者的水平有限，书中难免存在一些不足，敬请广大读者批评指正。

目　录
CONTENTS

第一章

绪　论

乡村是具有自然、社会、经济特征的地域综合体，兼具生产、生活、生态、文化等多重功能，与城镇互促互进、共生共存，共同构成人类活动的主要空间。乡村兴则国家兴，乡村衰则国家衰。我国人民日益增长的美好生活需要和不平衡不充分的发展之间的矛盾在乡村最为突出，我国仍处于并将长期处于社会主义初级阶段的特征很大程度上表现在乡村。全面建成小康社会和全面建成社会主义现代化强国，最艰巨最繁重的任务在农村，最广泛最深厚的基础在农村，最大的潜力和后劲也在农村。实施乡村振兴战略，是解决新时代我国社会主要矛盾、实现"两个一百年"奋斗目标和中华民族伟大复兴中国梦的必然要求，具有重大现实意义和深远历史意义①。

从 2018 年到 2022 年，是实施乡村振兴战略的第一个五年，既有难得机遇，又面临严峻挑战。从国际环境看，全球经济复苏态势有望延续，我国统筹利用国内国际两个市场两种资源的空间将进一步拓展，同时国际农产品贸易的不稳定性和不确定性仍然突出，提高我国农业竞争力、妥善应对国际市场风险任务紧迫。特别是我国作为人口大国，粮食及重要农产品需求仍将刚性增长，保障国家粮食安全始终是头等大事。从国内形势看，随着我国经济由高速增长阶段转向高质量发展阶段，以及工业化、城镇化、信息化深入推进，乡村发展将处于大变革、大转型

---

① 温铁军，杨洲，张俊娜. 乡村振兴战略中产业兴旺的实现方式 [J]. 行政管理改革，2018 (8)：26-32.

的关键时期①。居民消费结构加快升级，中高端、多元化、个性化消费需求将快速增长，加快推进农业由增产导向转向提质导向是必然要求。我国城镇化进入快速发展与质量提升的新阶段，城市辐射带动农村的能力进一步增强，但大量农民仍然生活在农村的国情不会改变，迫切需要重塑城乡关系。我国乡村差异显著，多样性分化的趋势仍将延续，乡村的独特价值和多元功能将进一步得到发掘和拓展，同时应对好村庄空心化和农村老龄化、延续乡村文化血脉、完善乡村治理体系的任务艰巨。

实施乡村振兴战略，是党对"三农"工作一系列方针政策的继承和发展，是亿万农民的殷切期盼。必须抓住机遇、迎接挑战、发挥优势、顺势而为，努力开创农业农村发展新局面，推动农业全面升级、农村全面进步、农民全面发展，谱写新时代乡村全面振兴新篇章。

第一节　研究背景

党的十九大报告提出实施乡村振兴战略。十九大报告指出，"中国特色社会主义进入新时代，我国社会主要矛盾已经转化为人民日益增长的美好生活需要和不平衡不充分的发展之间的矛盾"。这一矛盾在广大农村地区表现得更为明显和突出②。十九大报告提出实施乡村振兴战略，"农业农村农民问题是关系国计民生的根本性问题，必须始终把解决好'三农'问题作为全党工作的重中之重"。这是基于中国特色社会主义进入新时代和社会主要矛盾转化做出的重大判断和战略安排。作为

① 望超凡. 村社主导：资本下乡推动农村产业振兴的实践路径 [J]. 西北农林科技大学学报（社会科学版），2021，21（3）：28-36.
② 袁威. 工商资本参与下农民主体作用的困境与破解思路：基于 S 省 20 个乡镇 59 个村庄的调查 [J]. 行政管理改革，2020（11）：78-85.

新时代决胜全面建成小康社会的七大战略之一，乡村振兴战略不仅是以习近平同志为核心的党中央对我国城乡关系深刻变化和农业农村发展现代化建设的深刻认识和重大部署，也是建设新时代中国特色社会主义的必然要求。①

中共中央、国务院连续发布中央一号文件，以及乡村振兴战略政策文件，对新发展阶段优先发展农业农村、全面推进乡村振兴做出总体部署，为做好当前和今后一个时期"三农"工作指出方向。2018 年 1 月 2 日，《中共中央国务院关于实施乡村振兴战略的意见》发布。2018 年 5 月 31 日，中共中央政治局召开会议，审议《国家乡村振兴战略规划（2018—2022 年）》。② 2018 年 9 月，中共中央、国务院印发了《乡村振兴战略规划（2018-2022 年）》，并发出通知，要求各地区、各部门结合实际认真贯彻落实。③ 2019 年关于"三农"的中央一号文件指出，"以实施乡村振兴战略为总抓手，对标全面建成小康社会'三农'工作必须完成的硬任务"。2020 年关于"三农"的中央一号文件指出，"抓紧研究制定脱贫攻坚与实施乡村振兴战略有机衔接的意见"。2021 年 2 月 21 日，《中共中央 国务院关于全面推进乡村振兴加快农业农村现代化的意见》，即中央一号文件发布。2021 年 2 月 25 日，国务院直属机构国家乡村振兴局正式挂牌。2021 年 3 月，中共中央、国务院印发了《关于实现巩固拓展脱贫攻坚成果同乡村振兴有效衔接的意见》，提出重点工作。2021 年 4 月 29 日，十三届全国人大常委会第二十八次会议

---

① 郭珍，郭继台. 乡村产业振兴的生产要素配置与治理结构选择 [J]. 湖南科技大学学报（社会科学版），2019，22（6）：66-71.

② 周雪. 工商资本参与乡村振兴"跑路烂尾"之谜：基于要素配置的研究视角 [J]. 中国农村观察，2020（2）：34-46.

③ 周荣. 乡村振兴背景下贵州蔬菜产业高质量发展路径研究——以贵州省毕节市为例 [J]. 贵阳市委党校学报，2020（6）：21-26.

表决通过《中华人民共和国乡村振兴促进法》。① 2021 年 5 月 18 日，司法部印发了《"乡村振兴 法治同行"活动方案》。② 2022 年 2 月 22 日，《中共中央 国务院关于做好 2022 年全面推进乡村振兴重点工作的意见》，即 2022 年中央一号文件发布。2023 年 1 月 2 日，《中共中央 国务院关于做好 2023 年全面推进乡村振兴重点工作的意见》，即 2023 年中央一号文件发布。

党的二十大报告指出全面推进乡村振兴。全面建设社会主义现代化国家，最艰巨最繁重的任务仍然在农村。坚持农业农村优先发展，坚持城乡融合发展，畅通城乡要素流动。加快建设农业强国，扎实推动乡村产业、人才、文化、生态、组织振兴。全方位夯实粮食安全根基，全面落实粮食安全党政同责，牢牢守住十八亿亩耕地红线，逐步把永久基本农田全部建成高标准农田，深入实施种业振兴行动，强化农业科技和装备支撑，健全种粮农民收益保障机制和主产区利益补偿机制，确保中国人的饭碗牢牢端在自己手中。树立大食物观，发展设施农业，构建多元化食物供给体系。③ 发展乡村特色产业，拓宽农民增收致富渠道。巩固拓展脱贫攻坚成果，增强脱贫地区和脱贫群众内生发展动力。统筹乡村基础设施和公共服务布局，建设宜居宜业和美乡村。巩固和完善农村基本经营制度，发展新型农村集体经济、发展新型农业经营主体和社会化服务、发展农业适度规模经营。深化农村土地制度改革，赋予农民更加充分的财产权益。保障进城落户农民合法土地权益，鼓励依法自愿有偿转让。完善农业支持保护制度，健全农村金融服务体系。

---

① 席吕思. 乡村振兴背景下农村特色产业推动贫困地区发展路径研究——以恩施巴东县为例 [J]. 特区经济, 2020 (12)：97-99.

② 汪厚庭. 山区乡村产业振兴与有效治理模式和路径优化——基于皖南山区乡村实践研究 [J]. 云南民族大学学报（哲学社会科学版）, 2021, 38 (1)：64-72.

③ 王舫, 保虎. 文化自信与欠发达地区乡村产业振兴——以曼夕布朗族茶业复兴实践为例 [J]. 广西民族大学学报（哲学社会科学版）, 2020, 42 (3)：111-118.

产业振兴是实现乡村振兴的基础条件。产业兴旺、生态宜居、乡风文明、治理有效、生活富裕是实施乡村振兴战略的总体要求，也是推进乡村振兴的根本任务。深刻理解乡村振兴战略的内在逻辑体系，是做好统筹安排、突出实践重点、寻找实践突破的客观要求和必然选择①。习近平总书记在 2022 年中央农村工作会议上强调，全面推进乡村振兴是新时代建设农业强国的重要任务，要全面推进产业、人才、文化、生态、组织"五个振兴"，为新时代新征程全面推进乡村振兴，提出了重点任务和根本要求，指明了方向。产业振兴是实现乡村振兴的基础条件，决定了乡村振兴的发展成效。产业是乡村的生命力和持续发展的动力源，乡村产业振兴是乡村振兴的重中之重，对于乡村全面振兴、实现农业农村现代化，形成城乡融合发展新格局，具有十分重要的意义。

第二节 研究内容

自乡村振兴战略提出以来，各地延续并升级了脱贫攻坚时期的产业发展政策及实践，落实乡村产业发展政策，不断促进乡村产业发展，力求达成乡村"产业兴旺"。但是，乡村产业依赖农业产业发展的基本面不能动摇，必须肩负起保障粮食安全的重要使命。乡村产业发展，仍然围绕农业发展和农村区域发展。在有限的产业范围和区域范围内，各地乡村千村一面、模式照搬的现象屡见不鲜。项目盲目上马、急于跟风导致了大量资源浪费，无疑对产业振兴这一乡村振兴的基石带来一定的负面影响。② 我国西部欠发达地区经济发展较为落后，产业基础薄弱、城

---

① 汪厚庭. 山区乡村产业振兴与有效治理模式和路径优化——基于皖南山区乡村实践研究 [J]. 云南民族大学学报（哲学社会科学版），2021, 38（1）：64-72.
② 曹利群. 现代农业产业体系的内涵与特征 [J]. 宏观经济管理，2007（9）：40-42.

镇化水平低、乡土情结浓厚。产业兴旺仍然面临资源禀赋较差、要素投入不足、社会观念保守、人才资源匮乏等多方面的系统性问题，致使达成产业兴旺的路径不明晰。

因此，本书围绕农业现代化的产业体系、经营体系、生产体系、市场体系四个方面，在理论分析、现状分析、经验引荐的基础上，就研究区的产业发展现状提出对策建议。

一、构建现代农业产业体系

现代农业产业体系，是指由关联效应较强的各种农产品的生产、经营、市场、科技、教育、服务等主体，通过必要的利益联结机制所形成的有机整体。它以一定的农产品为基础，是为满足特定市场需求而进行的一切活动的总和，是一个多部门的复合体。这种复合体将农业产业相关环节紧密相连，构成一体化的、涵盖其价值的形成和分配的经济系统[①]。现代农业产业体系是一个功能强大的综合性体系，涵盖了我国现代农业发展的相关领域，也是我国乡村振兴战略中特别提到的农村和农业发展的重点工程，是发展现代农业、全面提升我国农业生产力水平和生产效率的关键。现代农业产业体系把当前我国的农业产业实现了横向与纵向的有机统一，形成了涵盖整体产业发展链条各环节的综合系统。具体分为以下三个系统：

（一）农产品产业系统。在现代农业产业体系中，农产品产业系统是整个体系的基础，并始终处于现代农业产业体系的核心地位。基于横向视角，包括粮食、棉花、油料、畜牧、水产、蔬菜、水果等各个产业；基于纵向视角，包括农产品生产、加工、市场流通以及农业服务业

---

① 曹慧，郭永田，刘景景，谭智心. 现代农业产业体系建设路径研究［J］. 华中农业大学学报（社会科学版），2017（02）：31-36+131.

等上下游产业体系；基于功能拓展视角，主要包括生态保护、休闲观光、文化传承、生物能源等密切相关的循环农业、特色产业、生物能源产业、乡村旅游业等①。我国的涉农相关部门构成了农产品产业系统，农产品产业在农产品产业系统中具备整体性、多层次和动态性的特点，同时在形成和发展过程中受到来自各方面客观条件的影响，整体的发展趋势直接影响我国现代农业产业体系的发展走向。

（二）现代农业多功能系统。传统农业发展侧重于经济功能的开发，由此形成了单一的农业产业体系。随着农业现代化的深化，农业的功能不断拓展，农业的产业体系也不断拓展，除了经济功能，又延伸出生态、社会和文化等功能。农业的生态功能决定了现代农业必须实现生态化，生产绿色农产品、有机农产品和无公害农产品；农业的经济功能决定了现代农业产业体系应包括农业加工产业的内容，反映在现代农业产业体系中表现为农产品加工产业，它是农业产业体系的主要内容；农业的社会功能决定了要延长农业产业链，发展农业服务产业；农业的文化功能及其他功能的开发决定了现代农业产业体系应包括农业创意产业的内容②。在我国现代农业产业体系中，现代农业多功能系统承担着整个体系的持续拓展，实现农业产业体系功能的进一步外延，实现农业产业体系功能的多元化作用。现代农业多功能系统在保证农业商品的基本功能外，同时还具备非商品的其他功能。具体体现为农产品除了进行市场化经营之外，一些农业的非物质产品同样也可以实现市场化的经营，并长期实现市场的共享，比如现代农业产业体系中的乡村旅游产品。

（三）农业产业融合发展系统。在我国现代农业产业体系中，农村

---

① 刘涛. 现代农业产业体系建设路径抉择——基于农业多功能性的视角 [J]. 现代经济探讨，2011（1）：79-82.

② 韩立达，史敦友. 民族地区乡村产业振兴实践研究——以西藏山南市滴新村为例 [J]. 西北民族大学学报（哲学社会科学版），2018（5）：113-120.

农业产业融合发展系统把整合农村产业链条、实现农业产业延伸和农村产业功能转变作为基本职能。在农业产业融合发展系统中，以现代农业发展为根本，通过积极有效的现代管理方式与经营方式，实现农村产业结构的科学调整，实现农业农村资源的合理科学配置，通过农业与二、三产业之间交叉、渗透和重组，打破产业间的进入壁垒，降低了交易成本，增强了产业间企业竞争合作关系，提高企业效率和竞争力，促进了生产具有相同功能和替代功能产品的横向产业联合，也提高了产业集中度，导致市场结构发生变化。现代农业产业融合发展系统创新机制、协作机制和产业融合服务机制能够有效促动乡村振兴战略的顺利实施。

西北现代农业产业体系提升思路：着力培养主导产业体系、大力发展农产品加工业、聚焦城乡发展差异、推广"企业+政府"模式。西北现代农业产业体系提升对策：鼓励农业生产规模化、扶持一批农业龙头企业、建立和完善农业科技创新机制、大力发展农民专业合作经济组织、充分发挥政府主导作用。

二、构建现代农业经营体系

将"现代农业+经营"组合在一起称之为现代农业经营，是将有限的先进生产工具与管理经验投入农业生产管理中，以获得最大的附加值。再将"现代农业经营+体系"组合在一起称之为现代农业经营体系，是由与现代农业经营相联系的系统而构成的一个有特定功能的有机整体，不仅体现出现代农业经营的整体性，也体现出现代农业经营部分之间相互联系的特征。现代农业经营体系包括三个基本要素，分别是现代农业经营的主体、方式和制度。现代农业经营主体中的基本主体是农民，但必须是能够推进农业现代化的知识化现代职业农民，它的微观表现形式是当前经常提及的新型农业经营主体（家庭农场、农业合作社、农业企业及种养大户等）；现代农业经营方式是以适度规模为引领、以市场需求为导向的经营组织形式；现代农业经营制度是保障现代农业经营能够顺利进行的农业经营制度，包括农村土地产权制度、以家庭为基础的统分结合的双层经营制度等。

现代农业经营体系的成功经验：形成了一定的规模经济、充分发挥政府的支持作用、加强了分工协作。现代农业经营体系的提质增效建议：大力发展农民合作经济组织、培育壮大龙头企业、健全农业科技服务体系、加强农业标准化工作、推进农业信息化建设、转变观念提升管理水平。

三、构建现代农业生产性服务体系

在我国的现代农业产业体系中，农业生产性服务系统是构建现代农业产业体系的有力支撑，农业生产性服务系统是贯穿于整个现代农业产业体系中的服务产业，为现代农业产业体系各环节提供必要的服务，通过把技术、资金、人力以及市场信息等服务很好地契合到农业生产的过程中，全面提高农业生产力水平和生产效率，并时刻满足整体农业产业链发展的需求，保证现代农业产业体系中服务链条的完整性。

现代农业生产性服务体系的发展，其实质就是拉升农业产业链的长度。通过向下游的服务业的发展，来辐射和带动农业附加值。而这就需要完善整个农业产业链。从产业链角度看，农业生产的产前、产中及产后都需要生产性服务的支撑，产前的服务主要有良种、农机具、农药化肥等农用物资的生产和供应等服务；产中的服务主要包括技术、信息、植保防疫、保险服务等；产后的服务则主要涉及农产品采后处理、保鲜储运、加工包装、营销等服务；资金需求则贯穿于整个产业链条。

四、构建农产品产地市场体系

以习近平新时代中国特色社会主义思想为指导，全面贯彻落实党的二十大精神，坚持稳中求进工作总基调，立足新发展阶段、贯彻新发展理念、构建新发展格局、推动高质量发展，以满足人民日益增长的美好生活需要为根本目的。按照"保供固安全、振兴畅循环"的工作定位，立足我国农业农村实际，优化市场布局、补齐设施短板、提升运营效率、拓展服务功能、强化发展支撑，加快建立现代农产品产地市场体系，推进农产品流通现代化，为全面推进乡村振兴、加快农业农村现代化提供有力支撑。

坚持政府引导，市场运作。更好地发挥政府作用，通过规划引导，推动资源要素向农产品产地市场进一步集聚，支持具备条件的农产品产地市场做大做强。遵循产业发展规律和市场运行规律，尊重市场主体意愿，激发创新发展活力，提高农产品产地市场体系运行效率。

坚持统筹布局，分级实施。坚持数量服从质量、进度服从实效、求好不求快，统筹产业基础和区域布局，向农产品优势产区、主导产业、脱贫地区倾斜，省部共建国家级农产品产地市场，地方建设区域性农产品产地市场和田头市场。

坚持服务产业，富裕农民。推动农产品产地市场建设与农业产业发展相协调，促进农业生产"接二连三"，延长产业链，提升价值链。强化为农服务，构建紧密型利益联结机制，让农民更多地分享产业全链条增值收益。

坚持创新引领，绿色低碳。注重科技赋能，推动绿色发展，鼓励支持产地流通技术创新，推广应用自动化、智能化、绿色化技术装备，降低农产品产地市场单位能耗和流通损耗，提升可持续发展能力。

坚持协同发展，融合高效。促进三级农产品产地市场优化整合，推动一体化运作，引导信息互联互通、设施协调匹配、设备共享共用，形成整体联动效应，深度嵌入现代农业供应链体系。

到 2025 年，基本建成布局合理、供需适配、组织高效、畅通便捷、安全绿色、保障有力的农产品产地市场体系，初步形成覆盖农产品优势产区、衔接国家综合立体交通网、对接主要消费市场的农产品产地流通网络。形成与现代农业发展相适应、与现代流通体系相匹配的农产品产地市场体系，技术装备、经营管理、服务质量达到全国领先水平，农产品产地流通环节损失率与发达国家基本持平。国家级农产品产地市场成为产业转型升级、区域经济协调发展和农产品质量效益竞争力显著提升的重要推动力量。

构建现代农产品产地市场化体系的基本思路：完善农产品物流市场体系、加强农产品物流基础设施建设、培育与发展农产品物流组织、积极发展新型流通方式、开拓农产品加工增值物流、建立以批发市场为主体的农产品物流体系。构建西北现代农产品市场体系的法律保障：完善农产品市场主体法规体系、农产品市场竞争法规体系、农业宏观调控法规体系，完善对农产品市场监管的法规体系，健全技术法规体系。

全文以乡村产业振兴为主要研究对象，从构建现代农业的产业、经营、生产、市场四位一体的体系建设展开论述，为西部欠发达地区的产业发展提出了丰富的对策建议，进一步明晰了"产业兴旺"的实现路径，具有重要的理论和实践意义。

第二章

文献与研究回顾

第一节 乡村产业振兴的研究现状

本研究从产业振兴研究的宏观视角和关注欠发达地区产业振兴的具体视角两个方面展开文献梳理。

第一，从产业振兴研究的宏观视角而言，目前的研究主要集中于讨论乡村振兴的实践路径。一类研究重点关注在资本下乡与行政下乡背景下乡村产业振兴的发展模式，并分别从不同的视角对造成困境的原因展开分析。如温铁军从乡村振兴的时代背景与意义出发，关注制度发展，认为产业兴旺需要制度创新，并且提出要从习近平新时代中国特色社会主义思想的高度认识农业供给侧改革，推进"三产"融合的社会化生态农业等发展农村产业的思路[①]；望超凡从村社角度出发，研究资本下乡过程中工商资本要素与农村固有资源的整合关系，提出由村社主导，依靠其与资本主体利益互嵌及本身四位一体的角色属性，实现资本和农

[①] 温铁军，杨洲，张俊娜. 乡村振兴战略中产业兴旺的实现方式 [J]. 行政管理改革，2018（8）：26-32.

村资源的充分整合①；袁威则以激发工商资本参与乡村产业开发、兼顾保证农民主体地位为逻辑起点，通过对 S 省 20 个乡镇 59 个村庄的实地调查，分析发现工商资本在参与乡村产业振兴中存在不适，农民在既有的乡村利益机制中主体作用发挥不明显的问题，两者共同组成了制约乡村产业振兴的困境，需要从农民能力建设、农民组织化建设、优化农民与工商资本合作中的有效调节等方面完善工商资本下乡后建设农民主体地位的机制②；郭珍等人从经济学资源要素配置与治理结构关系上出发，认为低成本地获取高质量的生产要素是乡村振兴的基础，可以通过发展农业产业联合体的方式，兼顾公平与效益的收益分配形式，促进要素提供者和治理主体之间持续合作，降低冲突风险③；周振则以工商资本下乡中要素配置失衡为出发点，指出企业经营能力与农业生产、企业要素需求与农村要素供给能力、市场环境与要素高效配置之间不适应的问题，提出要引导工商资本下乡进入适宜领域的政策建议④。另一类研究是以具体的地区性产业发展为研究内容，重点分析该产业发展的成功与不足之处。如周荣对贵州省蔬菜产业发展的研究，提出要发挥比较优势，制定合理的产业发展规划，创新投资方式优化利益链接，完善信息服务体系的优化蔬菜产业发展路径⑤；席吕思以巴东的特色蔬菜产业为研究对象，提出需要树立品牌意识，盘活资金结构面，优化政府协调的

① 望超凡．村社主导：资本下乡推动农村产业振兴的实践路径［J］．西北农林科技大学学报（社会科学版），2021，21（3）：28-36.
② 袁威．工商资本参与下农民主体作用的困境与破解思路——基于 S 省 20 个乡镇 59 个村庄的调查［J］．行政管理改革，2020（11）：78-85.
③ 郭珍，郭继台．乡村产业振兴的生产要素配置与治理结构选择［J］．湖南科技大学学报（社会科学版），2019，22（6）：66-71.
④ 周振．工商资本参与乡村振兴"跑路烂尾"之谜：基于要素配置的研究视角［J］．中国农村观察，2020（2）：34-46.
⑤ 周荣．乡村振兴背景下贵州蔬菜产业高质量发展路径研究——以贵州省毕节市为例［J］．贵阳市委党校学报，2020（6）：21-26.

具体发展建议①；汪厚庭研究皖南地区的乡村产业发展路径，从制度、组织、技术三个维度提出山区乡村的产业发展和社会治理路径②。

第二，从关注欠发达地区产业振兴的具体研究而言，目前的研究主要集中于各地欠发达地区特色产业发展，包括：王舫等人关于布朗族茶叶复兴的研究，发现文化自信对乡村产业振兴具有重要意义，在激发民族文化遗产的创造性转化、文化资源的资本化，实现文化与产业的有效对接上能够使民族传统产业复兴发展③；韩立达等人从产业兴旺和农民致富两个维度出发，研究西藏山南地区的产业振兴实践，提出要探索多维度一体化、共同支撑促进的欠发达地区乡村产业振兴发展路径④；耿言虎则从关注村庄内部发展动力的角度，讨论民族村庄内生型的产业振兴实践路径，即需要转变政府职能，发挥乡贤的引领作用、匹配产业发展与乡村优势资源、发掘村庄传统治理资源、搭建多利益主体合作的组织模式⑤；程文明等人的研究认为，新疆棉花产业高质量发展对实现乡村振兴具有重要作用，并建议从棉花政策支持、加快棉花生产技术发展、加强机采棉技术宣传等角度加速新疆棉产业发展⑥。

可以发现，无论是较为宏观的关于乡村产业发展的研究，还是具体的关于欠发达地区乡村产业发展的研究，多集中在乡村产业振兴的模式

---

① 席吕思. 乡村振兴背景下农村特色产业推动贫困地区发展路径研究——以恩施巴东县为例 [J]. 特区经济, 2020 (12)：97-99.

② 汪厚庭. 山区乡村产业振兴与有效治理模式和路径优化——基于皖南山区乡村实践研究 [J]. 云南民族大学学报（哲学社会科学版），2021, 38 (1)：64-72.

③ 王舫, 保虎. 文化自信与欠发达地区乡村产业振兴——以曼夕布朗族茶业复兴实践为例 [J]. 广西民族大学学报（哲学社会科学版），2020, 42 (3)：111-118.

④ 韩立达, 史敦友. 欠发达地区乡村产业振兴实践研究——以西藏山南市滴新村为例 [J]. 西北民族大学学报（哲学社会科学版），2018 (5)：113-120.

⑤ 耿言虎. 村庄内生型发展与乡村产业振兴实践——以云南省芒田村茶产业发展为例 [J]. 学习与探索，2019 (1)：24-30.

⑥ 程文明, 王力, 陈兵. 乡村振兴下欠发达地区特色产业提质增效研究——以新疆棉花产业为例 [J]. 贵州民族研究，2019, 40 (6)：166-171.

和策略上，着眼点主要在民族村庄的外部资源和顶层设计上，而关于村庄内部因素的研究较少，且这些研究较为注重产业振兴社会基础中的村民参与及文化方面，对村庄的社会结构特征等村庄社会内部相关因素的整体性研究不足。一方面上述研究为我们理解欠发达地区乡村产业发展打下了基础；另一方面过于关注村庄外部因素，忽略了产业发展依赖的社会情境，造成了对欠发达地区产业发展困境的社会性成因的研究较为缺乏的现状，研究需要进一步拓展。因此本文尝试从欠发达村庄的社会基础层面解释产业发展目前面临的困境，以期充实产业振兴研究，为边远欠发达地区的乡村振兴实践提供参考。

第二节　乡村产业振兴相关理论研究

经济学视角的乡村产业发展政策，以公平和效率为价值导向，涉及要素投入、产业结构、经济增长、行为决策等众多领域，尤其强调生产效率。针对当前乡村产业发展存在的竞争力偏弱、发展效益偏低、分配不公平等现实问题，主要通过土地适度规模经营、农业科技进步、农业基础设施投入、农业技术推广等途径来提高农业竞争力，借由乡村非农产业集中布局、打造农业产业园区、建设特色小镇等手段来提高空间效率，采取农业品牌建设、特色农业发展、农业产业链延伸、促进农村三次产业融合发展等渠道来挖掘乡村产业价值，通过"城市支持乡村、工业反哺农业"、农业支持保护、农户与新型经营主体利益联结等途径来保障城乡融合发展与农民利益。

一、经济增长理论

经济增长理论是解释经济增长规律和影响制约因素的理论。通过运用均衡分析方法，建立经济模型，考察在长期的经济增长的动态过程中，要实现稳定状态的均衡增长所需具备的均衡条件。[①] 一种认为，经济增长是指一个经济所生产的物质产品和劳务在一个相当长的时期内的持续增长，即实际总产出的持续增长。另一种则认为，经济增长是指按人口平均计算的实际产出，即人均实际产出的持续增加。经济增长一般被定义为产量的增加，这里，产量既可以表示为经济的总产量，也可以表示为人均产量。经济增长的程度可以用增长率来描绘。[②]

S. 库兹涅茨（Simon Smith Kuznets）从其定义出发，根据历史资料总结了经济增长的 6 个特征。1. 按人口计算的产量的高增长率和人口的高增长率。经济增长最显著的特点就在于产量增长率、人口增长率、人均产量增长率三个增长率都相当高。2. 生产率的增长率也是很高的。生产率提高正是技术进步的标志。3. 经济结构的变革速度提高。4. 社会结构与意识形态结构迅速改革。5. 增长在世界范围内迅速扩大。6. 世界增长是不平衡的。[③]

关于经济增长的源泉，宏观经济学通常借助于生产函数来研究。宏观生产函数把一个经济中的产出与生产要素的投入及技术状况联系在一起。设宏观生产函数为：

Yt＝Atf（Lt，Kt）

将上式分解，可得到：

GY＝GA+aGL+bGK

如果把人力资本当作一种要素投入，生产函数可被写为：

① 孟德拉斯. 农民的终结 [M]. 李培林，译. 北京：社会科学文献出版社，2005：45.
② 程艺阳，陈伟，王雅楠. 陕西省特色现代农业产业体系发展测评与模式分析 [J]. 北方园艺，2021（14）：165-172.
③ 程艺阳，陈伟，王雅楠. 陕西省特色现代农业产业体系发展测评与模式分析 [J]. 北方园艺，2021（14）：165-172.

Yt = Atf (Lt，Kt，Ht)

GY = GA+aGL+bGK+rGH

产出在长期中究竟按什么规律变化？在宏观经济学中，对此问题的回答有两个互为补充的分析方法。一是增长理论，它把增长过程中要素供给、技术进步、储蓄和投资的互动关系模型化。二是增长核算，它试图把产量增长的不同决定因素的贡献程度数量化。

经济增长理论中制约经济增长的因素来自三方面：1. 资源约束，包括自然条件、劳动力素质、资本数额等方面；2. 技术约束，技术水平直接影响生产效率；3. 体制约束，体制规定了人们的劳动方式、劳动组织、物质和商品流通、收入分配等内容，规定了人们经济行为的边界。

二、产业结构理论

产业结构是发展经济学中提出的概念，产业结构也叫产业体系，是社会经济体系的主要组成部分。产业结构，是指产业内部各生产要素之间、产业之间、时间、空间、层次的五维空间关系。产业结构升级是通过产业内部各生产要素之间、产业之间、时间、空间、层次相互转化实现生产要素改进、产业结构优化、产业附加值提高的系统工程。经济主体和经济客体的对称关系是最基本的产业结构，是产业结构升级的最根本动力。产业结构是指农业、工业和服务业在一国经济结构中所占的比重。产业结构的变化一方面为某些行业带来良好的市场机会，一方面也会对其他行业的生存造成威胁。① 通常在经济成长的过程中，服务业的重要性与日俱增，服务业的比重日益扩大，服务业从业者有较大的市场

---

① 王润，陈法杰. 新疆现代农业产业体系构建研究［J］. 西部皮革，2016，38（22）：130-131.

机会。

产业结构高度化表现为一国经济发展不同时期最适当的产业结构,其主要衡量标准是:1. 收入弹性原则(所得弹性标准),即每增加一个单位收入与增加对某商品需求量之比。如果由于收入扩大而增加的需求能转化为收入弹性高的商品,出口增长率则可随之提高,对整体经济增长则较为理想。2. 生产率上升原则。为了使收入弹性高的商品能够出口,必须具备充分的国际竞争能力,因而最佳选择是把生产上升率高的产业或技术发展可能性大的产业作为重点。3. 技术、安全、群体原则。即从长远观点看,经济发展的动力是技术革新,从而对于将来能成为技术革新核心部门的产业,即使处于比较劣势的地位,也不能轻易放弃。

为了一国经济的稳定发展,事实上要求有某种程度的国家安全保障或能够保障国家威望的产业;为了产业部门之间的平衡发展,必须形成范围较广的产业群体。符合上述三条标准的产业结构状态,就可称之为一定时期一国产业结构的最适状态,同时也就表明该国阶段上产业结构高度化达到的水准状况。

在产业结构变迁过程中,不仅是比例关系的演进,也包括劳动生产率的提高,其中比例关系是对产业结构变迁量的度量,而劳动生产率则是从质的方面凸显产业结构高级化的本质,因此,产业结构高级化更深层的表现在劳动生产率的提高。产业结构变迁程度较高,则这个经济体中劳动生产率较高的产业所占的份额就较高。1978 年中国产业结构呈现"二一三"格局,三次产业比例为 27.7∶47.7∶24.6。1985 年第三产业规模首次超过第一产业,三次产业比例实现"二一三"向"二三一"的重大转变,三次产业比例调整为 27.9∶42.7∶29.4。2012 年第三产业规模再次超过第二产业,成为推动国民经济发展的主导产业,三次产业结构实现"二三一"向"三二一"的历史性转变,三次产业比例调整为 9.1∶45.4∶45.5。① 在三次产业结构不断升级的同时，农业、工业和服务业的内部结构也在调整中持续优化：农业基础地位更加巩固，农林牧渔业全面发展。工业发展向中高端迈进，现代工业体系逐步建立。

三、产业集群理论

产业集群理论是 20 世纪 80 年代出现的一种西方经济理论。产业集群理论是在 20 世纪 80 年代由美国哈佛商学院的竞争战略和国际竞争领域研究权威学者麦克尔·波特（Micheal E. Poter）创立的。其含义是：在一个特定区域的一个特别领域，集聚着一组相互关联的公司、供应商、关联产业和专门化的制度和协会，通过这种区域集聚形成有效的市场竞争，构建出专业化生产要素优化集聚洼地，使企业共享区域公共设施、市场环境和外部经济，降低信息交流和物流成本，形成区域集聚效应、规模效应、外部效应和区域竞争力。②

在经济日益全球化的今天，在跨国公司全球化的供应链和市场战略下，投入要素可以从许多不同的地区获取，但运输成本的降低并未使许多公司从设立在原料来源地或者大的市场所在地所转移。哈佛大学教授麦克尔·波特率先提出全球经济下的产业集群理论，从一个全新的视角——竞争力的角度来看待和分析产业集群现象。产业集群在竞争日趋复杂、知识导向和动态的经济体中也愈来愈重要。波特提出了由四种关键要素所形成的"钻石体系"理论，从竞争力角度对集群的现象进行分析和研究，结果显示集群不仅仅降低交易成本、提高效率，而且改进

---

① 倚"特"而立向"高"而行——从三个产业样本看宁夏现代农业三大体系建设 [J]. 吉林农业，2016（20）：64-67.

② 苏泽龙. 新中国成立初期传统农业改造研究 [J]. 当代中国史研究，2020，27（4）：103-112，159.

激励方式，创造出信息、专业化制度、名声等集体财富。更重要的是集群能够改善创新的条件，加速生产率的成长，也更有利于新企业的形成。虽然集群内企业的惨烈竞争暂时降低了利润，但相对于其他地区的企业却建立起竞争优势。

产业集群的研究主要集中在产业集群的机理、技术创新、组织创新、社会资本以及经济增长与产业集群的关系研究、基于产业集群的产业政策和实证研究方面。国内外学者从不同方面研究产业集群，但仍然没有形成系统的理论体系，国外的研究偏重于实证分析并在此基础上的归纳。而且关于产业集群的研究大多以论文研究的形式出现，缺乏系统研究的专著。归纳起来，产业集群的存在和发展主要有以下三方面的依据。1. 外部经济效应。集群区域内企业数量众多，从单个企业来看，规模也许并不大，但集群区内的企业彼此实行高度的分工协作，生产效率极高，产品不断出口到区域外的市场，从而使整个产业集群获得一种外部规模经济。2. 空间交易成本的节约。空间交易成本包括运输成本、信息成本、寻找成本以及合约的谈判成本与执行成本。产业集群区内企业地理邻近，容易建立信用机制和相互信赖关系，从而大大减少机会主义行为。集群区内企业之间保持着一种充满活力与灵活性的非正式关系。在一个快速变化的动态环境里，这种产业集群现象相比较于垂直一体化的安排和远距离的企业联盟安排，更加具有效率。3. 学习与创新效应。产业集群是培育企业学习能力与创新能力的温床。企业彼此接近，激烈竞争的压力，不甘人后的自尊需要，当地高级顾客的需求，迫使企业不断进行技术创新和组织管理创新。一家企业的知识创新很容易外溢到区内的其他企业，这种创新的外部效应是产业集群获得竞争优势的一个重要原因。此外，产业集群也刺激了企业家才能的培育和新企业的不断诞生。

四、产业组织理论

新产业组织理论（NIO）是指 20 世纪 80 年代以后出现的，以分析企业策略性行为为主旨的，与以往有着根本不同的产业组织学。新产业组织理论区别于传统产业组织理论的首要标志，也是其对产业组织理论的最大贡献在于理论研究方法的统一。新产业组织理论运用了大量的新分析工具，特别是博弈论、激励理论等新理论的引入，使产业组织理论在研究基础、方法工具及研究方向方面都产生了突破性的变化，大大推动了产业组织理论的发展。在研究基础上，新产业组织理论更加注重市场环境与厂商行为的互动关系，这种互动关系体现了在逻辑上的循环和反馈链①。在方法和工具上，则运用了大量的现代数学分析工具，特别是多变量的分析工具。在研究方向上，新产业组织理论更加强调了在不完全市场结构条件下厂商的组织、行为和绩效的研究，特别是寡占、垄断和垄断竞争的市场，在理论假定上增加了交易成本和信息的维度。

五、需求演进理论

马斯洛（Abraham H. Maslow）的需求层次结构是心理学中的激励理论，包括人类需求的五级模型，通常被描绘成金字塔内的等级。从层次结构的底部向上，需求分别为：生理（食物和衣服），安全（工作保障），社交需要（友谊），尊重和自我实现。这种五阶段模式可分为不足需求和增长需求。前四个级别通常称为缺陷需求（D 需求），而最高级别称为增长需求（B 需求）。1943 年马斯洛指出，人们需要动力实现

---

① 崔力航，郭睿. 对改造传统农业的理解与验证——基于中国农业发展的案例 [J]. 农业与技术，2020，40（12）：177-180.

某些需要，有些需求优先于其他需求①。

马斯洛（1943，1954）的五阶段模型已经扩大为八阶，包括认知和审美需求（马斯洛，1970a）和后来的超越需求（马斯洛，1970b）。1. 生理的需要（physiological needs）：食物、水分、空气、睡眠、性的需要等。它们在人的需要中最重要，最有力量。2. 安全需要（safety needs）：人们需要稳定、安全、受到保护、有秩序、能免除恐惧和焦虑等。3. 归属和爱的需要（belongingness and love needs）：一个人要求与其他人建立感情的联系或关系。例子：结交朋友、追求爱情。4. 尊重的需要（esteem needs）：马斯洛将其分为两类，一是尊重自己（尊严、成就、掌握、独立）；二是对他人的名誉或尊重（如地位、威望）。5. 认知需求（Cognitive needs）：知识和理解、好奇心、探索、意义和可预测性需求（马斯洛，1970a）。6. 审美需求（Aesthetic needs）：欣赏和寻找美，平衡，形式等（马斯洛，1970a）。7. 自我实现的需要（self-actualization needs）：人们追求实现自己的能力或者潜能，并使之完善化。8. 超越需要（Transcendence needs）：一个人的动机是超越个人自我的价值观，例如，神秘的经历和对自然、审美体验、性经验、为他人服务、追求科学、宗教信仰等的某些经验（马斯洛，1970b）。

马斯洛的需求层次结构理论，作为心理学中的激励理论，其基本观点包括五方面。1. 五种需要是最基本的、与生俱来的，构成不同的等级或水平，并成为激励和指引个体行为的力量。2. 低级需要和高级需要的关系：马斯洛认为需要层次越低，力量越大，潜力越大。随着需要层次的上升，需要的力量相应减弱。高级需要出现之前，必须先满足低级需要。在从动物到人的进化中，高级需要出现得比较晚，婴儿有生理

---

① 吴芳，杜其光，张京京，付娜，郭世懿. 物联网技术改造提升天津传统农业对策研究［J］. 中国农机化学报，2018，39（06）：114-118.

需要和安全需要，但自我实现需要在成人后出现；所有生物都需要食物和水分，但是只有人类才有自我实现的需要。3. 低级需要直接关系个体的生存，也叫缺失需要（deficit or deficiency needs），当这种需要得不到满足时会直接危及生命；高级需要不是维持个体生存所绝对必需的，但是满足这种需要可以使人健康、长寿、精力旺盛，所以叫作生长需要（growth needs）。高级需要比低级需要复杂，满足高级需要必须具备良好的外部条件：社会条件、经济条件、政治条件等。4. 马斯洛看到低级需要和高级需要的区别，他后来澄清说，满足需求不是"全有或全无"的现象，他承认，他先前的陈述可能给人一种"错误的印象，即在下一个需求出现之前，必须百分之百地满足之前需求"。在人的高级需要产生以前，低级需要只要部分地满足就可以了。例如，为实现理想，不惜牺牲生命，不考虑生理需要和安全需要。5. 个体对需要的追求有所不同，有的人对自尊的需要超过对爱和归属的需要。

六、外部性理论

经济外部性又叫经济活动外部性，是一个经济学的重要概念，指在社会经济活动中，一个经济主体（国家、企业或个人）的行为直接影响到另一个相应的经济主体，却没有给予相应支付或得到相应补偿，就出现了外部性。经济外部性亦称外部成本、外部效应或溢出效应（Spillover Effect）。外部性可能是正面的，也可能是负面的。经济外部性有以下特点：外部性是一种人为的活动，非人为事件造成的影响，无论它给人类带来的是损失还是收益，都不能被看作外部性；外部性应该是在某项活动的主要目的以外派生出来的影响；外部性是不同经济个体之间的一种非市场联系（或影响），这种联系往往并非有关方面自愿协商的结果，或者说非一致同意而产生的结果；外部性有正有负或为零；外部性包括对生态环境等与社会福利有关的一切生物与非生物的影响。

　　经济主体具有独立的自主利益，追求利益最大化是经济主体产生外部性的前提。按照外部性产生的影响不同，外部性有可耗尽（depletable）和不可耗尽（nondepletable）之分。对于不可耗尽的外部性，一个经济主体的行为不影响其他经济主体可享用的数量和质量；对于可耗尽的外部性，一个经济主体的行为使得另一个经济主体可享用的数量或质量下降。可耗尽外部性的例子有公共运输，不可耗尽外部性的例子有国防、污染等。市场机制不完善是导致经济活动外部性的主要原因。从技术外部性来看，由于某些物品没有明晰的产权界定，经济活动中这些物品虽有价值却没有市场。依据科斯产权交易理论，产权界定不清是经济活动外部性产生的根源。在经济主体的交易过程中，产权不明晰或产权无法界定是产生外部性的主要原因。产权界定不清是指在当前由于体制或人为的原因使得产权界定的费用超过产权清晰节约的成本，产权界定不经济；产权无法界定是指由于某些经济活动要素和劳动对象的区域空间归属不明确，因而缺乏产权清晰的内在动力和必要手段。河流的产权不明晰，才会导致经济主体任意排放废物以致危害下游流域；空气的空间归属权难以界定，所以区域经济主体在进行经济活动时很难考虑对大气的污染。

　　外部性直接影响供给。一般"好"的外部性供应得"少"，而"坏"的供应得"多"。供应的"多"和"少"都是相对于社会最优供应量而言。例如，个人利益和社会利益的不一致使得"坏"的供应得多，"好"的供应得少。政府的一个作用就是纠正这种个人利益和社会利益的不一致，把供应量增加或减少到最优。例如，当政府对化工厂的排污收税，然后用之于周围居民，化工厂会立即停止他们的损失，减少排污量。另一个常见的政府纠正行为是拍卖排污牌照（pollution license），它能达到和排污税收（pollution taxation）同样的效果，而且一般认为更容易实行。外部经济通常是指有益外部性的商品的生产。这类商品的生产会对社会和环境产生正效应（如教育和安全）。外部不经济通常是指有害外部性的商品。这类商品的生产会对社会和环境产生负效应（如污染和犯罪）。个人通常会倾向于"外部不经济"的消费行为，因为有害外部性商品带来的成本不需要个人承担（如污染），经济上称此为"过度消费（over consumption）"。而由于有益外部性商品带来的收益并不能被个人独占，个人通常在一定程度上不愿意做出"外部经济"的消费行为（如教育），经济上称此为"不充分消费（under consumption）"。

现代经济学原理表明，不管是正外部性还是负外部性，其结果都会导致经济活动缺乏效率或使资源配置远离最优状态，外部性的存在会导致行为主体不能将经济活动的消极或积极的后果完全内部化。因而，区域经济活动的好的结果可能被另一些并没有做出任何投入的主体分享，而一部分坏的结果却由其他主体承担。实践中，外部性往往是产生区际矛盾的直接原因。

中国西部地区是当今世界十分关注的"问题区域"，地位重要，区情特殊。特殊在于，西部地区既是资源富集区、又是经济欠发达地区；既是大江大河水源涵养区，又是生态脆弱区和环境敏感区。在严峻的经济和环境形势面前，人们已经进行了大量努力。从生态环境看，局部虽有改善，但整体趋势尚未扭转，环境专家认为，西部地区生态系统呈现出由结构性破坏到功能性紊乱演变的发展态势，西部地区面临经济发展与生态重建的双重历史使命。

第三章

乡村振兴战略的主要产业路径

第一节 构建现代农业产业体系

构建现代农业产业体系是对农业基础地位认识的一次飞跃。现代农业产业体系是一个集农产品生产、加工、销售、文化服务、资源开发等产业为一体的综合系统，这修正了将农业单纯视为第一产业的观点，农业的基础地位得以深刻体现。同时，对现代农业产业结构的认识也突破了传统的"就农业论农业"的狭隘视角，使得现代生产要素得以汇集到农业，实现对传统农业的改造。

构建现代农业产业体系对于促进农民增收、提高农业综合生产力具有重大意义。现代农业产业体系的形成，既是农业纵向延长产业链，又是农业横向扩展产业幅度的过程，既是农业内部专业化分工的结果，又是农村人口不断分化的重要途径。随着农业产业链条的延长和幅度的扩大，大量农村剩余劳动力转移到农产品加工、流通和文化旅游等产业，一方面增加了农民就业，农民得以分享农业产前产后的附加价值，收入得到提高；另一方面，农业生产环节的劳动力得以释放，如果存在一个规范有序的土地流转市场，农业生产领域的规模经营将得以实现，为推进农业机械化、水利化、生产专业化、良种化、信息化提供了有利条件，有利于提高农业综合生产力。

构建现代农业产业体系是工业化的必然要求。工业化是一系列基本的生产函数连续发生变化的过程，不仅包括工业本身的机械化和现代化，而且包括农业的机械化和现代化。[①] 农业不仅为工业化提供食粮、原料，而且提供劳动力、市场、资金，成为工业化和经济发展的基础与必要条件。高度的工业化必然要求高度的现代化农业与之相适应，必须摒弃传统的将工业化与发展农业看作相互对立的狭隘的工业化概念，工业化与农业现代化之间不是非此即彼，而是并行不悖，相辅相成的。没有高度发达的现代农业产业体系，工业化就如无源之水，无本之木。

构建现代农业产业体系，核心是要提高农业产业的整体竞争力，促进农民持续增收。近年来，我国农业产业现代化进程快速发展，但产业链条短、产品附加值低的问题依然十分突出，特别是我国农业比较效益相对较低，部分农产品国际依赖度相对较高。为此，必须从农业产业体系全局谋划，着眼推进产业链、供应链、价值链建设，促进种植业、林业、渔业、畜牧业、农产品加工流通业、农业服务业转型升级以及三产融合发展，实现"一产强、二产优、三产活"，提高农业产业的综合效益和整体竞争力，让农民分享农业产业链条各环节的利益。要大力推进农业产业化经营，加快发展农产品精深加工，形成产业集群，提高农业全产业链效益。注重将新技术、新业态和新模式引入农业产业，加快发展订单直销、连锁配送、电子商务等现代流通方式，促进农业产业经营组织方式变革。积极开发农业多种功能，挖掘农业的生态价值、休闲价值、文化价值，加快发展乡村旅游等现代特色产业，拓展农业的内涵、外延和发展领域。

---

① 张培刚，方齐云. 中国的农业发展与工业化 [J]. 江海学刊，1996 (1)：3-15.

第二节　现代农业产业体系概述

农业的基础地位不仅仅体现在其是人类的衣食之源，而且更是其他产业产生、运行和发展的母体。历史和国际经验反复验证了一个事实，只有发达的农业，才能夯实二、三产业发展的基础。连续 20 年的中央一号文件及农业农村部牵头的部委文件，为农村三产融合发展及农业科技研发、人才建设、财政金融、基础设施、服务平台等方面提供各类政策支持，并多次强调，促进一、二、三产业融合发展，必须以农民分享增值收益为出发点和落脚点，绝不允许三产融合成为少数人牟取不当利益的渠道，不能成为导致农村资源要素外流的新因素。

一、现代农业产业体系的内涵

一定范围内或同类的事物按照一定的秩序和内部联系组合而成的整体，即为体系。产业体系则指组成国民经济的相关产业按照某种关联关系而构成的整体或系统。所谓现代农业产业体系，是指由关联效应较强的各种农产品的生产、经营、市场、科技、教育、服务等主体，通过必要的利益联结机制所形成的有机整体。它以一定的农产品为基础，是为满足特定市场需求而进行的一切活动的总和，是一个多部门的复合体。这种复合体将农业产业相关环节紧密相连，构成一体化的、涵盖其价值的形成和分配的经济系统。它是经过历史演化和市场竞争，由市场化农业及与其相关的产业所构成的一种新型的农业组织形式和经营机制，是农业产业化的高端形式。一般而言，现代农业产业体系包括生产要素、市场需求、相关支持产业、产业组织四方面的因素。生产要素是指农业产业所动用到的各种资源的情况；市场需求是国内外对该项农产品的需求状况；相关支持产业主要指上下游产业和关联产业的状况；产业组织则是该产业内部各利益主体分工协调的表现。农业产业体系各因素之间相互作用、紧密联系，其中任何一项因素的效果必然影响到另一项因素的状态。只有当所有这些因素交错运用并形成自我强化的优势，才能够构筑有竞争力的农业产业体系。

从资源角度来看，现代农业产业体系的一个重要特征是能够高效利用生产要素，发挥各地比较优势。农业生产各要素可划分为初级生产要素和高级生产要素，前者主要包括天气资源、气候、地理位置、耕地、初级劳动力等，后者主要包括熟练劳动力、科学技术和现代化的基础设施等。现代农业产业体系首先是能够高效利用本地资源的体系。在各产业中，农业产业对本地资源的依赖性相对较强，尤其是耕地、气候等在空间上不可移动和不可复制的资源。现代农业产业体系正是通过对本地各种资源进行整体优化配置，形成符合本地情况的特色产业，提升本地农业产业的竞争力。在自然资源方面，我国农业人口多、耕地资源少、水资源紧缺，传统农业消耗了大量的水资源和原生态资源，造成广大的农作物地区水位不断下降、化肥污染、水土流失和土地质量下降。我国不可能照搬美国、加拿大等大规模经营、大机械作业的模式，而必须突出劳动力密集型产业、土地节约型产业和水资源节约型产业，只有这样，才能够充分发挥我国的比较优势，并通过农产品进出口获取贸易剩余。但我国不同地区农业自然资源禀赋差异较大，现代农业产业体系的要求也有所区别。在东部地区，非农产业发展迅速，农业劳动力大量转移，农业规模化经营已具备了一定的现实基础；在中西部地区，农民对土地的依赖程度还相当高，传统农业的特征还很明显。因此，不同地区农业产业体系的选择应体现出不同的特色。在东部沿海经济发达地区，由于劳动价格较高，宜形成以土地节约型技术为主、以劳动节约型技术为辅的农业产业结构。在中西部地区根据粮食产量增长、质量提高和专用性增强的市场需求状况，当前广泛选择节约耕地型农业产业更具有现实可能性，但要完成从传统农业向现代农业的转型，就必须进行适度的规模经营，这又要求在一定程度上选择一些劳动力和技术均较为密集的产业。

现代农业产业体系是集食物保障、原料供给、资源开发、生态保护、经济发展、文化传承、市场服务等于一体的综合系统，它是以一定的农产品为基础，以满足特定市场需求为目的的多部门复合体，将农业产供销、种养加等各个环节连成一体，是多层次、复合型的产业体系。农业产业体系受农业生产要素投入、农业生产经营规模、国际宏观经济环境、政策导向和市场主体多样化需求等诸多力量的影响，基本准则是保障粮食安全和基本供给，立足点是市场多样化需求，依据是规模经济和现代科技。

从内容上看，农业产业体系首先包括农产品产业体系，涵盖粮食、棉花、油料、畜牧、水产、蔬菜、水果等各个产业，主要作用在于保障国家粮食安全和农产品供给，维持社会稳定，维护国家安全。其次，农产品产业体系也包括农业多功能产业体系，涵盖生态保护、休闲观光、文化传承、生物能源等密切相关的循环农业、特色产业、生物能源产业、乡村旅游业和农村二、三产业等，主要作用在于充分发挥农业多种功能，增进经济社会效益。最后，农产品产业体系还包括现代农业支撑产业体系，涵盖农业科技、装备制造、农业资源与环境保护、生产加工、市场流通、信息咨询等为农服务的相关产业，主要作用在于提升农业现代化水平，提高农业抗风险能力、国际竞争能力、可持续发展能力。

二、农业产业体系与农业产业化、农业产业链的区别与联系

(一) 内涵

农业产业化是以市场需求为导向，以经济效益为中心，以主导产业、产品为重点，以农户经营为主体，以农业科技为手段，通过优化组合各种生产要素，实行区域化规模化布局、专业化特色化生产、精深化规范化加工、标准化社会化服务、企业化科学化管理，实施种养加、产供销、贸工农、农工商、农科教一体化经营，将农业各个环节紧密联系为一个完整的产业系统。产业化要求我们应该改革农业经营模式，引导农户将分散的小农生产转变为组织化规模化更高的产业组织形式，鼓励农户、农场或合作社、龙头企业、政府多方参与主体自愿结合，形成利益共同体，带动农业现代化、科技化、信息化、规模化高质量发展。

农业产业链是在产业链概念基础上产生的。由于经济活动中各产业之间存在广泛、复杂且密切的技术经济联系，因此，人们将各产业依据前后向的关联关系组成的一种网络结构称为产业链，其实质即产业之间的供需和投入产出关系。因而农业产业链就是一个贯通农业供需市场，为农业产前、产中、产后提供物质资源的网络化产业组织结构。包括为生产做准备的农资与种质资源供给研发部门、种养部门，以及加工、销售、储存、运输、安全检测等部门。一般来说，每一种农产品均可以形成一条完整的农业产业链，如小麦产业链、棉花产业链、生猪产业链等。

(二) 区别

总体上，可以从研究内容、发展过程、组织范围和运行模式辨析农业产业体系与农业产业化、农业产业链的区别。

首先，从研究内容来看，农业产业化研究侧重于农业经营理念、发

展趋势、发展目标和发展模式，通过农业种养加、产供销、技工贸等各类市场主体联合、协作与利益共享，以增强市场竞争力；农业产业链侧重于反映产业之间的关系，考察其联系效应、相互作用的方式和程度，同时也涵盖价值的形成和增值过程；农业产业体系更多地从整体上考察系统的运行，不仅要研究其内部的组织结构、整合互动和协调稳定，还要研究其与外部的联系和影响，同时也需要分析产业体系构建和演进的规律。

其次，从发展过程来看，农业产业化是一个动态过程，而农业产业链是一个相对静止的状态。农业产业化经营指明了农业发展的方向，强调的是农业发展的目标；农业产业链管理侧重如何使农业发展不偏离方向，强调的是手段。在特定经济社会环境和技术条件下，在专业分工、技术进步、产品特性及市场需求状况作用下，形成和建立的产业链，其结构形态具有一定的稳定性。只有当相关条件发生较大改变后，产业链才会发生拓展、延伸和结构性变化，且这种变化往往是极其缓慢的过程。因此，这种静态是相对的。产业体系内部经常处于不断的运动和变化之中，表现出动态性。但作为一个整体经济系统，其演进受内外众多因素的影响而呈现循序渐进的特征，因而在一定的发展阶段它处于静态稳定之中。

最后，从组织范围和运行规模来看，产业化相对狭小。虽然产业化的组织类型较多，但每一个产业化组织主要以一种或几种相近的农产品为载体，在龙头企业和基地农户之间形成一定的关系。所形成的组织结构一般来说较为简单，其规模也受资源条件约束，即使产品销售市场的范围有可能较大，但在生产和加工环节都具有较强的地域性。产业体系不仅包含的内容多，涵盖部门广，而且是以一大类农产品为其作用对象，因而其组织范围和运行规模是极为庞大的。产业链在一定程度上可以看成一种客观存在，产业之间的联系不受空间地域约束，因而对于不同的产品链，其规模和范围相差很大。

（三）联系

农业产业体系、产业化和产业链因同时受农业生产规律的作用和约束，均涉及农产品的产供销，都涵盖价值的形成和分配，都受市场需求、生产经营规模的影响，且均受到所处地区经济、社会、技术等条件影响。正是因为众多共同点，使得它们之间互相联系和互相作用。

首先，产业化应以产业链为前提，并通过产业链上各市场主体功能的完善得以发展。产业化把种养加、产供销、贸工技等各个分散和独立的环节纳入一体化的生产经营体系，是基于各个环节之间客观存在着的上下游供需关系而发展起来的。同时，实施产业化经营，可以改善松散、脆弱、无序的状态，加强产业链各个环节市场主体的合作，确保产业链各个环节市场主体单独存在产生更大的经济价值，促使产业链更加稳定和高效运行。

其次，产业链是产业体系构建的基础。所有的农业产业体系都是以农业为基础，但又不局限于传统农业。一方面，随着人工智能、互联网、物联网等新一代信息技术在农业产业各个链条的普及推广和深度融合，使得农业产业与国民经济二、三产业部门的关系越来越密切，农业产业的范畴持续放大，农业产业体系上的组织包括农业产业链上的农业生产经营组织及其他直接和间接服务于农业生产经营活动的相关组织。另一方面，农业产业体系在其形成和发展过程中，为增强其市场竞争力，需要不断地对涉农经济的某一行业、产业进行升级改造、资源整合或优化配置，这种反复优化改造的过程使产业链各主体之间的分工协作关系更加紧密，集体荣辱意识更加强烈。

最后，产业化与产业体系相互促进。现阶段，在以家庭联产承包责任制为主体的基本经营制度下，相对大资本、大市场的激烈竞争，农户家庭经营显得势单力薄，亟须适应市场经济发展规律的规模化、专业化、组织化的新型农业经营主体，降低或节约交易费用，实现农业产业化经营，增加农业利润，引领农业经济高质量发展，使参与农业生产经营的各方主体均能分享效率提高带来的利益。发达的农业产业体系是专业化、集中化和一体化的集合体，农业的生产特性和农产品的商品特性突出了农业产业化的作用和功效，产业体系的发展将极大地推动产业化的进程。

三、现代农业产业体系的构成

传统农业是一种自给性和循环性比较明显的小农经济，投入的生产要素大部分来自农业内部系统。种植所需的种子从农民储备的口粮中预留，使用的肥料一般为人或畜禽粪污，生产的大部分产品被自身所消耗，几乎没有什么剩余产品拿到市场去交换。所以传统农业生产消费系统是封闭性的，与其他产业间的关联效应很弱。

传统农业也是一种高度依赖于气候季节因素的自然农业。无论是南方的稻米，还是北方的小麦，种植的季节性都很强，抵御旱灾、洪涝、病虫害等自然灾害的能力却相对较弱，"靠天吃饭"的被动局面尚未完全摆脱，所以属于外延式的扩大再生产的传统农业，实质是与小商品生产的自然经济相联系的"小农业"，这种农业还未形成当代意义上的"产业"，更谈不上产业体系的形成。现代农业的意义已不是传统体制下单一的农业生产经济，而是农业的分工分业向纵深发展，形成农业产前部门和农业产后部门。农业产前、产中和产后三大系统构成了现代农业产业体系。其中，农业产前部门包括为农业提供机械、化肥、农药、种子、饲料、燃料等各种生产资料的部门；农业产后部门包括农产品的加工、贮藏、包装、运输、销售等各种精深加工和销售服务部门。在这一体系中，产中部门是这个系统的基础，但产前和产后部门不可或缺，特别是产后部门发展更快，创造的价值最高，所占比重也最大，其次是产前部门，最后才是产中部门。据有关资料显示，20 世纪 80 年代初，美国"农业产业体系"实现的总产值约为 4860 亿美元，占当时国民生产总值的 20%左右。其中，农业产前部门创造的产值为 940 亿美元，占农业产值的 19%；农业产中部门创造的产值为 710 亿美元，占农业产值的 15%；农业产后部门创造的产值为 3210 亿美元，占农业产值的 66%。

四、现代农业产业体系的特征

现代农业是依靠现代生产技术要素支撑的科学化农业，是需要长期稳定的金融政策支持和保护的农业，是需要建立标准化、信息化管理的有序可控农业，强调以农业科学研究开发体系、技术推广体系和人才发展体系的农业知识创新体系为支撑。因此，除了初级要素之外，现代农业产业体系还以高级要素的合理利用为其重要特征。随着农业产业不断升级以及产业链的不断延伸，现代农业的整体效益不仅与自然生产要素相关，更主要的是取决于科技、信息等高级要素的投入。这就要彻底改变我国传统农业生产要素配置不合理、资本投入不足、生产效能低下的弊端，强化现代信息、现代科技、新型人才、现代管理制度以及社会资本等生产要素与自然要素的高度集成，以支撑现代农业的发展。

从市场角度来看，现代农业产业体系的一个重要特征是能够及时对市场需求做出反应，为消费者提供符合需要的农产品。这里的市场需求，包括国内需求和国外需求两方面。市场需求既为构筑现代农业产业体系提供了必要的条件，也在一定程度上决定着它的成败；从市场规模来看，庞大的市场有助于整个产业获得规模经济并降低产品成本，能够鼓励更多的企业和农户同时进入同一个产业，维持产业内部良好的竞争状态；从市场成长性来看，快速成长的市场可以鼓励企业扩大投资、果断地引进和更新设备，推动产业的技术进步。从发达国家的实践证明，能够对市场需求做出及时的、正确的反应，是现代农业产业体系的一个重要特征。也正因为如此，农产品营销在现代农业产业体系中占有非常重要的位置。在美国食品产业体系的产值构成中，农业生产占25%、加工占33%，而农产品营销所占比重则达到42%，现代农业产业体系的运作围绕大型的销售商而展开。美国20家最大的食品杂货连锁店的销售额约占全部销售量的40%。这种社会化分工，使专门从事生产流通和销售的各个厂商都更有效率。

在满足市场需求方面，现代农业产业体系首先要满足数量上的需求。其中，国民对粮食的需求是最基础的，在不能大规模进口的前提下，从数量上予以保证应放在第一位。此外，随着收入的提高，国民对初级农产品的消费比重在下降，对精深加工后的农产品需求在增加，现代农业产业体系必须对此做出及时的反应。另外，消费者还在文化、环境等方面对农产品提出了新的更高的要求，这为农业发挥多功能性，以此为基础发展各类适合社会需要的产业体系创造了广阔的空间。其次，要满足质量上的需求。当前，消费者对农产品的需求发生了重大变化，对农产品质量提出了更高的要求，要求吃得营养、安全、健康、新鲜，穿得舒适、美观、个性。与此相适应，现代农业产业体系的一个重要特征是能够构筑起从田头到餐桌的全过程农产品质量保证体系，它通过适当的利益联结机制，协调农户、龙头企业、农民专业合作社等有关主体，把产前、产中、产后各环节都纳入统一的农产品质量保障体系。无论是在需求结构方面还是在农产品质量要求方面，可以观察到各个地方对农产品都形成一些地方性的需求，这也使得各地的农业产业体系具有较为浓郁的地方特色。

从产业组织角度来看，现代农业产业体系的一个重要特征是各环节分工细密、联系紧密。农业现代化进程表明，有效的农业组织体系的建立对于加快由传统农业向现代农业的转变起着决定性作用，完善而发达的农业产业组织体系是发达国家现代农业产业体系的重要特征之一。在竞争激烈的市场经济中，各个经济主体发展战略的核心是竞争力，而培育竞争力的核心是专业化分工，没有专业化就没有真正意义上的现代农业产业体系。专业化使得各种类型的农业生产经营主体通过专事一业或某一环节，逐步建立自己的专业优势，在此基础上产生合作的需求和意愿，并建立各种类型的经济组织。同时，向产业链前后进一步延伸、逐步走向一体化。以美国为例，农场的专业化程度很高，棉花农场专业化的比例为76.9%，大田作物农场为81.1%，果树农场为96.3%，牛肉农场为87.9%，奶牛农场为84.2%。美国很多优势农场的成长壮大，都是紧紧围绕着其核心竞争力展开的。即使扩张，也是在专业化的基础上与别人协作。专业化分工意味着对服务的需求。这种需求会吸引大量专业化供应商的进入，包括专业化的运销服务体系，它使得农产品销售从生产中分离出来，提高了生产与销售各自的效率。而在专业化的运销队伍中又有更细的分工，比如，不同的经销商或物流企业只负责不同区域的销售和运输，不同经销商负责不同品种的销售，一些只专注从较远的基地或农户手中收购产品运到市场销售等。而且专业化的生产资料供应产业有助于生产资料的技术升级，比如，种苗的升级和多样化的品种、农用设施的升级以及根据当地生产特点的技术改造等。专业化供应产业极大地节约了各主体外出购买的交通成本、信息成本等交易成本，极大地提升了现代农业产业体系的竞争力。

在高度专业化分工的同时，是对分工的有效协调。从西方发达国家的经验来看，农业产业体系的运营形式大体可分为两大类型：纵向协调和市场协调。纵向协调按照公司和农户之间联系紧密程度或利益关系的不同，可分为合同农业和公司农业，前者是指各有关主体通过签订合同进行协调，后者指各有关主体统一到公司名下，由公司进行统一协调。虽然近几年农业领域中的纵向协调总体上在增加，但市场协调不论现在还是将来都是现代农业产业体系运行的重要形式。市场协调是指农产品

37

的生产、加工、销售等通过各种类型的专业批发市场、期货市场、集贸市场和超级市场等市场交换来完成的，它需要以高度发达的多层次的市场体系或网络为支撑。究竟采取何种形式的产业化经营形式，是由农产品本身的特点和所处的市场结构决定的。但无论采取何种方式，都必须做到合作协调，以实现合作各方的冲突较少、履约率较高、产供销各环节衔接得较好、产业波动很小的目的。高效率的协调已经成为现代农业产业体系的一个重要特征。

新要素的投入和持续优化的要素投入组合，推动了经济高速增长与高质量发展，这是现代农业产业体系区别于传统农业产业体系的重要原因。依据经济学原理关于生产函数的定义，产出是劳动、资本、技术等生产要素组合的结果。传统农业单纯依靠土地和劳动等传统生产要素投入量的增加来实现产值增长，这些投入的要素都是从农业产业体系内部获得的；现代农业的增长主要来源于具有现代性的新要素的投入，这些新要素是农业部门内部所不具备的，不是源于农业产业内部，而是由工业部门提供。例如，农业生产工具和设备大多是由机械工业部门生产的，农业部门所需的良种、化肥、农药和塑料制品等也并不是来自农业部门内部，农民所需要的资金主要依靠商业银行和其他金融机构的贷款。传统农业产业体系与现代农业产业体系的本质区别就在于：他们由不同的生产要素组成不同水平的生产力系统。传统农业产业体系是一种封闭式、自给式、落后型的低水平农业生产力系统，而现代农业产业体系是一种开放式、交换型、先进型的高水平农业生产力系统。现代农业产业体系在产业组织、产业要素、产业体系、产业功能和产业利益分配上具有显著的特征。

（一）产业组织的专业化、社会化

现代农业是与大市场相适应的、规模化的农业，在这种农业中，虽然直接从事农业生产的劳动者很少，但劳动生产率很高、商品化率很高，这背后的支撑要素是存在大量的专业化、社会化组织体系。为适应现代农业发展要求而建立起来的现代农业产业组织体系，是一个由大量专业化、社会化组织构筑起来的网络。现代农业发展过程中的生产、加工、销售、服务等产业环节都由这种专业化、社会化、产业化服务组织来协调完成，从而使农业生产者能够节约交易成本、获取外部经济效应。例如，农业产中由播种、收割、病虫害防疫、科技服务等专业化组织来承担；产前由种子、生产资料服务组织来提供；产后由农产品加工、储运、保鲜、流通组织来完成，以解决单一生产主体对接大市场过程中的规模不经济、交易成本过高等问题。综观世界上发达国家的现代农业产业体系，其组织化程度均较高。如丹麦的家庭农场主组织成立了各种各样的合作社，合作社为丹麦农民提供诸如农业生产资料供应、农产品加工销售乃至农业信贷和保险等一系列产前、产中和产后服务。美国有各种农业合作社 25000 个，参加合作社的农民有 440 万，约占农业人口的 90%，合作社销售的农产品占总销售量的 1/3，为农场提供的各种物资占全部的近 1/3。①

（二）产业要素的高级化、集成化

现代农业产业体系的构成要素不像传统农业产业体系那样单纯依靠土地、自然资源、廉价劳动力等从农业产业体系内部获得的传统生产要素投入，而要依靠良种、化肥、熟料制品等现代生产资料，熟练劳动力、人才、职业农民、企业家等现代生产经营者，农用机械等现代生产工具，以及现代科技、金融、信息和管理。正如曹利群认为，除了初级要素外，现代农业产业体系还以高级要素的合理利用为其重要特征。从本质上看，现代农业产业体系的发展过程就是运用现代生产要素作用于

---

① 李腾飞，周鹏升，汪超. 美国现代农业产业体系的发展趋势及其政策启示 [J]. 世界农业，2018（7）：4-11，222.

农业生产经营的过程,只有把现代要素都组装到农业产业体系之中,并实现优化配置、有机集成,才能实现高效率。但是,现代农业高级要素的来源在很大程度上难以由农业部门内生,需要由工业和服务业等部门提供。例如,农业生产所需要的工具和设备大多由机械工业部门提供;农业部门所需的良种、化肥、农药和塑料制品等基本都是由农艺农业、化学工业提供;农民所需要的资金主要依靠商业银行、其他金融机构来供给。

(三)产业体系的一体化、网络化

现代农业产业体系是一个有机联系、纵横交错的一体化、网络化系统,而每一个生产经营主体只是网络中的一个节点,这些节点之间通过物流、信息流、人流有机联系在一起。从纵向上看,现代农业产业体系是产前、产中、产后紧密衔接,产加销、贸工农一体化的生产体系,是一个从田间地头通过加工、储藏、运输到餐桌的全过程链条,各个环节之间既相互分工又紧密联系、环环相扣,形成一个有机整体。这种一体化的有机联结是通过大量的专业化、社会化的组织纽带来完成的。从横向看,现代农业产业体系包括粮食产业、原料产业、生物质产业、农产品加工产业、生态产业、农业文化产业、农业服务产业等,这些子产业相互作用形成了相互联系的系统。同时,在每一个子产业中,均有若干生产相同农产品的企业、农户以及相关机构聚集在一起,他们之间既相互竞争又相互合作,形成了农业产业集群。

(四)产业功能的多元化、复合化

现代农业产业体系已经成为一个能满足人们多元化需求的可持续发展系统,其输出的不仅仅是满足吃穿等基本要求的功能,还输出文化旅游、生态屏障、自然景观、生物能源、教育体验等多元化的功能。现代农业产业体系功能的多元化、复合化趋向的根本动因,在于人们由于消费结构的变化对农业功能开发提出的新需求。在当今社会,随着经济的快速发展和人们收入水平的提高以及健康意识的增强，对农产品的消费需求已由过去的解决温饱转变为现在的讲究营养、安全、方便、品质、舒适、美观、个性等，同时还在文化、生态、环境等多方面提出了新的需求。新的需求驱动生产经营者对农业进行多方位、多层次开发，把农业自身内在的多功能潜质转变为现实的能够满足人们更高需求的产品和服务，从而大大扩展了农业产业的发展空间。但是，要实现农业的多功能开发而形成新的产品和服务，必须建立新的产业体系来提供保障。

（五）产业利益分配的市场化、契约化

现代农业产业体系高效、有序、稳定运转的核心是建立公平合理的利益分配机制。只有建立了能够满足参与主体利益要求的分配机制，才能使生产者、加工者、销售者和服务者之间有机联结在一起，在追求产业整体利润的同时获取各方的平均利润，才能使体系保持正常、稳定、持续发展。因为市场机制是实现利益合理分配最有效、成本最低、矛盾最少的手段，这种利益分配机制就不能靠行政命令和计划调节而只能依靠市场机制来完成。但是，由于市场机制调节自身具有滞后性、波动大、风险高等缺陷，在以市场化为基本利益分配的前提下，通过合约、利益返还等契约化方式分配，成为各方主体之间建立长期稳定合作关系的一种重要形式。

第三节 发达国家现代农业产业体系建设经验

发达国家在农业产业体系建设中的实践经验，为我国实施农业现代化建设积累了丰富案例。收集、整理、总结发达国家农业产业体系建设案例与成功经验，有利于我们在现代农业产业体系建设中少走弯路，取长补短，不断进步。

一、发达国家现代农业产业体系的状况

（一）美国现代农业产业体系

美国不仅是当今世界的超级经济大国，也是全球农业第一强国。美国以不到全球 7% 的耕地，生产出占世界农业总产值 12.6% 的农产品。以 2% 的农业人口供应着 2.9 亿人口的食品需要，还有 2/3 的农产品对外出口。美国农业的发展不仅得益于得天独厚的自然条件，而且得益于其深远的历史背景。美国作为移民国家，只有 200 多年的历史，但其农业部在 1862 年成立的时候就通过《宅地法》明确"农业是制造业和商业的基础"。随着工业的发展，农业在美国经济中的比重逐渐下降，但联邦政府对农业采取了支持和保护的政策，使农业成为美国在世界上最具竞争力的产业。[①]

随着商品经济的发展，科技进步和行业分工越来越细，美国的农业逐步实现了产业化。为农业服务的各种中介组织，把农业的产前、产中和产后所有环节组成一个有机整体，形成了一个庞大的农业产业体系。这个体系按商品经济规律农业生产、流通、消费及服务，并有严格的立法保障，使美国的农业真正实现了现代化生产。美国在培育现代农业产业体系过程中，以需求为前提，以农场主为骨干，以发达的科技、教育为支撑，通过循序渐进的长期发展，已经形成了强大的具有较强竞争力的农业产业体系。[②] 当前，美国已经形成了以谷物、果菜、畜产品的生产、加工、销售为主的农业食品产业体系；以棉花、麻类等纤维制品的生产、加工、销售为主的农业纤维产业体系；以农业园艺、农村景点为

---

① 罗鸣，才新义，李熙，等. 美国农业产业体系发展经验及其对中国的启示 [J]. 世界农业，2019 (4)：43-46.
② 李腾飞，周鹏升，汪超. 美国现代农业产业体系的发展趋势及其政策启示 [J]. 世界农业，2018 (7)：4-11，222.

主进行观赏、旅游、休闲和教育的农业文化产业体系；以林业、水土保持、资源环境的可持续发展为主的农业生态产业体系；以先进的种苗、生物工程、科学技术、试验示范手段支持的农业科技产业体系；以化肥、农药、农用机械为主的农业装备产业体系；以农业数据和图像处理、计算机网络、农业决策支持和信息实时处理为主的农业信息产业体系；以土地、水资源等为资本运营的农业资源产业体系。这些产业体系都是以农业为基础，但又不局限于原来的传统农业，而是用现代的生产要素将其延伸、改造，与国民经济的其他部门相衔接，使得农业这个基础，不仅是人们的衣食之源和现代科技及新兴产业的发祥地，更是这些产业体系的组织结构和运行机制的基石，而且是社会、文化、生态的重要屏障。① 以农业为基础呈放射状出现的这些产业体系的发展、更迭、变化，不仅有力地推动了整个国民经济的发展，也带动原来意义的农业的内部变化，使之升级换代，富有竞争力。

从其形成和发展来看，美国现代农业产业体系主要有以下特点。

1. 以专业化生产经营为基础。美国是世界上农业生产规模化、专业化程度非常高的国家，突出表现在生产地区专业化和农场经营专业化。第一，生产地区专业化。美国的许多农产品生产地带相对集中在比较优势明显、自然条件适宜的地区。如美国玉米带位于非常适宜玉米生长的北美五大湖以南的平原地区，包括艾奥瓦、伊利诺伊、印第安纳、南达科他和内布拉斯加东部、肯塔基和俄亥俄西部、密苏里北部，那里地势平坦、土壤肥沃、无霜期长、春夏气温高、年降水量充足，正是这种优越的气候条件，使其成为世界最大的玉米专业化农业生产区。艾奥瓦、伊利诺伊、内布拉斯加等 10 个州玉米产量占全国的 90%。美国大豆与玉米适用轮作种植模式，产区与玉米产区基本重叠，伊利诺伊、艾

---

① 谢特立. 美国农业产业特征与农业推广体系运作、推广目标［J］. 世界农业，2008（6）：51-54.

奥瓦、明尼苏达等 10 个州大豆产量占全国的 95%。美国小麦区有两大一小三个三角地带。一是以北达科他为主,连带蒙大拿、明尼苏达和南达科他所形成的大三角地带;二是以堪萨斯为主,连带俄克拉何马、科罗拉多、内布拉斯加和得克萨斯所形成的大三角地带;三是以华盛顿州为主,连带爱达荷和俄勒冈所形成的小三角地带。这些生产区地势平坦,土壤肥沃,夏季温暖湿润,冬季寒冷干燥,总体少雨但阳光充沛,且河流和灌溉水源丰富,非常适合小麦生长。北达科他、堪萨斯、华盛顿等 10 个州小麦产量占全国的 70%。第二,农场经营的专业化。由于专业生产可以提高生产效率、降低成本、提高竞争力,因而美国的农场绝大多数是专业化农场生产,不同产品的农场专业化程度也不同。[①] 例如,在销售额低于 25 万美元的小家庭农场中,40% 以上的农场专门饲养肉牛,只生产一种产品的占 60%。在大家庭农场中,45% 的农场都专门生产经济作物,在非家庭农场中将近 60% 的农场只生产一种产品。

2. 以家庭农场为经营单位。自 1862 年《宅地法》制定以来,美国政府确立的家庭农场制度得到了法律的认可和支持。家庭农场作为美国长期以来的农业生产主体,占有绝大多数耕地,生产农产品的产量也占绝大多数。据美国农业部农业统计报告显示,相比达到最高峰的 1935 年 320 万家庭农场,2020 年美国家庭农场数减少了 2/3,但仍有 210 多万家庭农场。随着经济的发展,公司农场等新的农场组织形式不断涌现,但无论是在数量上,还是在占有的资源、产品产量上,都没有超过家庭农场。即使是公司农场也是大量由家庭农场组建,以家庭农场为基础。据美国农业部农业统计报告显示,美国家庭或个人农场占农场总数量的比重为 86.7%,合伙农场占 6.5%,公司农场占 5.1%,其他类型农场占 1.7%,家庭农场仍然并将长期是美国农场的主体。另外,美国

---

① 丁力. 美国农业产业体系对中国的启示与建议 [J]. 财经问题研究, 2001 (9): 28 -34.

家庭农场占地面积虽呈现下降趋势，从 1997 年的 9.5 亿英亩下降到 2020 年的 9 亿英亩，但随着家庭农场数量的减少，平均每个家庭农场的面积保持上升趋势，2020 年达到 430 多英亩，家庭农场生产的农产品占全美农产品的近 80%。①

3. 以谷物出口拉动为导向。多年来美国发达的农业使得谷物等农产品经常过剩，因此美国的农场主和政府部门大力促进农产品出口，使美国成为世界上最大的农产品出口国，其农产品约有 1/5 供应出口，小麦出口更是占世界市场的 45%，大豆占 34%，玉米占 21% 以上。据美国农业部农业统计报告显示，从 1997 年开始，虽然谷物农场数量有所减少，但平均每个农场的谷物种植规模和谷物销售额占美国农产品销售额的比重均呈上升趋势。

4. 以加工流通为增值核心。美国农产品的加工流通系统是美国农业体系中的一个重要部分，它所占的劳动力最多，经营范围最广，对农产品的增值作用也最大。据统计，美国农产品加工产值数是初产品总产值的 1.71 倍，加工流通增值（扣除农业成本的农产品纯效益）是初产品总产值的 5 倍左右。

(二) 荷兰现代农业产业体系

荷兰是一个比较典型的人多地少、农业资源匮乏的欧洲小国，是欧洲人口密度最大的国家。人均耕地 1.3 亩，与我国人均耕地资源极其相近。但是，荷兰却在农业方面取得了举世瞩目的成绩，尤其是郁金香、风信子、茨菰花最负盛名，独具特色和国际竞争力，是世界上最大的花卉出口国，被誉为"鲜花之国"。郁金香已成为荷兰的象征，它与风车、奶酪、木鞋并列为"荷兰四宝"，因此，荷兰又有"郁金香之国"

---

① 丁力. 培育有竞争力的农业产业体系——关于美国农业的观察与思考 [J]. 湖南经济，2001（10）：5-8.

的美称。荷兰鲜花出口占世界总量的 59%，盆栽植物出口占 48%，在世界花卉王国中处于霸主地位。荷兰的蛋制品、啤酒、番茄、奶酪等农副产品净出口额均名列世界前茅。另外，借助发达的农业发展起来的旅游业，为两千多家农业和两万多个工作岗位创造了农业旅游服务条件，为塑造荷兰休闲胜地的形象做出了贡献。①

荷兰的现代农业不仅包括农作物种植、畜牧业、园艺和林业，而且包括农业工厂化生产、农产品加工、贸易和辅助工业。如提供种子、无机化肥、动物饲料、技术设备、房屋和玻璃温室建设等，加上广泛的金融、运输、信息咨询等服务业，现已形成以外向型为主导，产供销、技工贸相结合的高度社会化、集约化、市场化的现代农业产业体系。其主要特点如下。

1. 以外向型农业为主。荷兰既是世界农产品的重要进口国，又是农产品的重要出口国。从进口来看，荷兰是美国农产品在欧共体的最大市场，也是欧盟中德国、法国、比利时、卢森堡、英国等农产品的重要市场。从出口来看，荷兰又是世界上农产品第二大出口国，欧盟其他各国都是荷兰农产品的主要市场。综合来看，荷兰农产品出口大于进口，农业贸易处于长期顺差。荷兰农业外向型是以农产品加工出口创汇增值为其突出特点，围绕进口初级农产品进行深加工以实现增值，然后将这些高附加值的加工产品出口，大幅度增强创汇能力。近年来，荷兰进口的农产品（如粮食、食用油、烟草、园艺产品、畜产品、鲜牛奶、人造黄油、脂肪等）主要用作动物饲料、食品、饮料、烟草制造等加工业的基本原料。荷兰的种养业产品及进口的初级农产品都要加工成中间产品或最终产品再进入市场，其中 2/3 以上的农产品是经过深加工、精加工后才进入市场。初级产品与加工产品价值一般为 1∶8。

---

① 许占伍，杨玉飞，李耀，等. 荷兰农业发展经验及其对国内现代农业的启示 [J].安徽农学通报，2022，28（7）：13-15.

2. 全面实行股份合作制。荷兰主要有种植、养殖、加工、供应、信用 5 个门类合作社。由于荷兰的合作社都是单一目的的专业合作社，所以可以进一步依据经营对象细分为供应、乳业、牛、猪、糖、马铃薯、蔬菜、花卉、信用等合作社。荷兰的农业土地产权属于农民所有，除生产领域采用家庭经营方式外，其他领域基本上均实行股份合作制。尤其在社会流通领域，荷兰的农业股份合作社显得十分活跃，发挥着极其重要的作用。荷兰不少的农业股份合作社都设有全国性、地区性与基层性二级组织，多以奶牛、马铃薯、郁金香等俱乐部形式出现。荷兰农业股份合作社既承担着供应生产资料、提供信贷服务、进行精深加工的任务，又承担着农产品销售的任务。从全国到各地区甚至每一个村落和农户，荷兰已形成了严密的销售网络，而且大部分农业合作社的批发销售与零售网络已遍及欧洲乃至全球，形成了畅通无阻的产业链。随着农业生产进一步专业化与规模化发展，虽然合作社数量也在逐渐减少，但市场占有率呈上升趋势。以花卉合作社为例，合作社数量由 1949 年的 18 个减少为 1992 年的 7 个，但市场占有率由 60% 增加到 95%。

3. 产学研紧密结合。荷兰农业之所以能够成为世界第一流，离不开集生产、研究、推广、教育于一体的农业产业体系。在农业生产中，荷兰高度重视农业科研和采用先进科学技术。为了节省耕地，荷兰大力推行温室农业，利用温室进行农业工厂化生产。该国的蔬菜、花卉、水果等大部分农产品采用温室栽培。温室采用无土栽培方法，室内温度、湿度、光照、施肥、用水、病虫害防治等都用计算机监控，作物产量很高。荷兰还用温室养鱼，不仅产量高，而且节省了大量水面。荷兰农业部门特别注重遗传工程的投资，采取优选本国或适合于本国环境的世界各地的家畜家禽、农作物良种，依靠遗传工程进行改良，生物防病和遗传防病并举，替代对人体有害的各种化学药剂的使用，这不仅取得了显著的经济效益，而且有效地保护了自然生态环境。农业科技无疑是荷兰

47

成为世界一流农业的重要支柱。由于荷兰对农业科研的高度重视和农业科技成果推广应用的普及化，无论是种养新技术的应用、服务，还是优良品种的培育，以及生态环境保护，都在经济效益和自然生态环境保护方面取得了显著的效果。同时，荷兰非常重视农业教育培训，并覆盖职业前教育、中等教育、高等教育、大学教育、培训中心、职业教育和高等职业教育。其中农业职业技术教育和农业技术培训相当活跃，几乎覆盖了荷兰农村的每一个角落，发挥着极其重要的作用。因此，荷兰农民的农业科技素质很高，能够跟上世界科技发展的步伐。

（三）丹麦现代农业产业体系

长期以来，得益于适宜饲草作物生长的温带海洋性气候环境和优质的耕地资源，丹麦农业经济始终位居世界前茅。从19世纪末开始，丹麦农业由以粮食种植为主转为以饲料产业、畜牧经济为主。目前，畜牧业产值占农业总产值的比重达到70%以上。丹麦用占国土面积63%的耕地面积，总人口4%的劳动力，实现了1个农民养活225人的超高生产效率，生产了可供1500万人口消费的农产品。在满足了本国500万人消费的基础上，其中2/3用于出口创汇，被誉为"欧洲食厨"。据统计，农牧业一直都是丹麦出口创汇的支柱产业。丹麦出口总额的25%来自农产品，包括黄油占5.4%、奶酪占8.1%、肉类占15.6%、猪肉占23.3%、熏肉火腿占31.3%、貂皮占44.1%。

丹麦农业取得如此骄人的业绩，得益于丹麦建立的与其气候、耕地自然条件相适宜的、成熟的农业产业体系。丹麦的农业产业体系以畜牧业为主体，融动物饲料种植、畜牧养殖、畜产品加工和销售为一体，实现了从田间地头到餐桌精细分工、紧密联系的有机整体。其农业产业体系的主要特点有：

1. 建立大农业观念

丹麦农业发展的一个重要转折点，是在观念上破除了把农业限定在第一产业内的狭隘概念，树立了包括初级农产品生产、食品加工、物流运输、销售乃至出口业务在内的大农业观念。丹麦农业产业链的延长，不仅在农业产业内部创造了大量脱离土地的就业机会，促进了土地经营的集中和农业生产规模的逐步扩大；而且大农业的观念也使丹麦农业产业内部得以有效协同，它既兼顾了以家庭农业为主体的初级农产品生产方式，又保障了加工流通领域的社会化、专业化和大规模经营。这种由传统粮食食物观念向现代食物观念的转变，也使丹麦农产品营销体系突破了个别企业的单个环节的限制，形成了按农产品价值增值和价值实现为主线的、覆盖面广泛的垂直营销系统，实现了农产品营销体系的社会化和高效率。

2. 农工商高度一体化

市场经济中，农业属于弱势产业，在竞争中处于不利地位。农业经营组织通过前向或后向的延伸，与相关的农产品加工和流通企业建立特定的组织联系，可以使不同部门的企业形成利益共同体，实现利益均摊、风险共担和优势互补，增强了农业生产者参与市场的能力。同时，加工和流通企业通过与农业生产者实现一体化，也可以保证获得稳定可靠的原料供应，减少市场风险。由此可见，农工商一体化是高度专业化和社会化基础上农业与非农业的重新结合，是部门之间的联系方式从市场纽带转向组织纽带的结果。目前，丹麦的奶制品、猪肉及制品、皮毛和种子等主要农产品，都由协作体的生产单位来加工，且协作体的规模越来越大。这种高度集约化的农工商协作体，既有利于降低生产成本、提高产品质量，也有利于提高效率，大大增强了丹麦农业在国际市场上的竞争能力。

3. 合作社为基础

丹麦流通业主体是合作社，几乎所有的丹麦农民都在自愿的基础上参加了一个或几个股份制合作社。农民合作社是丹麦农工商一体化经营和实施大农业观念的组织纽带，为丹麦农民提供诸如农业生产资料供应、农产品加工销售，乃至农业信贷和保险等一系列产前、产中和产后的服务，它构成了丹麦完备的农业产业体系的基石。合作社的形式多种多样，既有生产性质的，也有加工和销售性质的。目前，合作社产品的市场份额，在丹麦毛皮市场上占98%，猪肉制品占96%，黄油占93%，牛奶占91%，鸡蛋占65%，水果蔬菜占60%，合作社出口的产品占丹麦全部农产品出口的3/4以上。这些合作社，成为丹麦初级农产品及其加工制品销售的最主要力量，大大提高了农产品的流通效率，提高了农业生产的专业化、规模化水平，从而最大限度地发挥了整体效应和规模效应。

（四）以色列现代农业产业体系

以色列是在沙漠和沙丘上建立的国家，沙漠面积占国土面积的67%，人均年占有水资源量仅为271立方米，不足全球人均占有量的1/33，仅为我国人均水资源量的1/7。在这样一个水资源极其稀缺、耕地极其有限的国家能够实现高度的农业现代化，绝对值得在人类发展史上添上浓墨重彩的一笔。以色列的农业是一部长期同恶劣自然条件做艰苦斗争的成功史，也是充分利用先进科学技术进行农业生产的发展史。节水灌溉、沙漠灌溉、沙漠农业、高科技农业等举世瞩目的成就使以色列的农业生产位居世界前列，现代化农业为以色列创造了巨大的社会和经济效益。以色列农业产业体系有两个特点。

1. 以发展科技密集型的高效农业为主

科技密集型、高投入、高产出是以色列农业产业体系最明显的特征。新技术、新成果渗透到产前、产中和产后的每一个生产经营环节，整个产业中都有非常高的科技含量。科技在农业产业体系的形成中的重要作用体现在从动植物新品种培育、栽培与饲养技术开发、先进机械设备的研制到食品保鲜与加工技术的革新等每一个具体的领域和行业之中。以色列的电脑微灌技术给农业灌溉赋予了新概念，为世界干旱地区农业发展树立了标杆。借助由控制枢纽、管材部件和灌水系统三大部分组成的微灌设备，根据气象条件、土壤含水量、农作物需水量等参数，通过设定的程序和太阳能驱动的计算机控制终端，利用塑料管道灌水系统密封输水，农民可以适时适量缓慢均匀地把含有肥、药的水送到植物根系或喷洒在茎叶上。以色列的滴灌和喷灌技术比传统的大水漫灌方法节水 90%，节能 50%，平均增产 30%。节水灌溉技术不仅促进了以色列节水农业的发展，而且成为以色列农业中一个重要的支柱产业，每年出口创汇达十几亿美元。

2. 政府支持有力

以色列政府主要通过制定农业发展政策、兴修水利和兴建农业基础设施、提供低息农业贷款、支持农业研究与开发、推广科研成果以及开拓市场等措施为农业生产提供必要的支持与服务，并通过上述措施直接或间接地对农业产业进行宏观调控，引导以色列农业向产业化发展。政府通过资助优先领域的研究与开发项目来调控农业科研的方向，如近年来支持的温室栽培技术、反季节蔬菜栽培技术、动植物优良品种繁育、沙漠微咸水种植技术、食品储藏与保鲜技术等都取得了重要的研究成果，对以色列农业向科技化、产业化方向发展起到了积极的推动作用，为以色列农业产业体系的建立奠定了良好的基础。

二、发达国家现代农业产业体系建设经验

(一) 树立大农业观念

在西方一些发达国家的现代农业进程中，农业产业体系的形成过程也是发展农业产业化经营的过程。早期往往是从食品业起步，但随着国民经济的发展、人们需求的变动，就会以农业的多功能性为基础，演变出农业纤维产业、农业文化产业、农业生态产业、农业科技产业、农业

装备产业、农业信息产业和农业资源产业等多种产业体系，在观念上破除了把农业限定在第一产业内的狭隘概念，树立了包括初级农产品生产、加工和行销乃至出口业务在内的大农业观念。农业产业链的延长，不仅在农业产业内部创造了大量脱离土地的就业机会，促进了土地经营的集中和农业生产规模的逐步扩大；而且大农业的观念也使农业产业内部得以有效协同，形成了按农产品价值增值和价值实现为主线的、覆盖面广泛的垂直营销系统，实现了农业产业体系的社会化和高效率。

（二）围绕主导产业建立产业体系

农业产业体系的构建，与各个国家的资源优势密不可分。发达国家农业产业体系的构建也都是围绕资源优势发展主导产业，围绕主导产业建立产业体系。美国的粮食产业体系、荷兰的花卉产业体系、丹麦的畜禽产业体系、以色列高效农业产业体系，无不立足本土，依托当地独特资源禀赋，并且都是按照国际国内市场需求，通过优化资源配置，密切产需关系，形成在世界市场上独特的竞争优势。我国资源丰富，作物类型多样，西北地区更是在小杂粮、养殖畜牧等方面独具鲜明的地域特色，我们完全可以在借鉴国外发达农业国家生产经营经验的同时，充分发挥自身优势，因地制宜，发展特色产业，构建有竞争力的产业体系。

（三）以工业化思维提升农业产出效益

以精深加工作为农产品增值的核心，以出口创汇作为价值增值的方式，是发达国家现代农业产业体系的一个共同特征，也是提升现代农业水平的根本途径。如果仅仅把农业看作一个自产自销的封闭系统，不依赖科技进步、产业链延伸和价值链拓展，农业的发展必然十分缓慢，势必难以摆脱在国民经济中的弱势地位，原始农业、传统农业无不是如此。因此，我国的农业现代化必须走商品化、工业化、市场化、国际化、科技化不断深化、深度融合的中国特色社会主义市场道路。

（四）依托合作经济组织连接各个环节

国外农民专业合作经济组织的实践表明，农民合作组织是弱小分散的农民进入市场、改善自身经济地位的有效选择，是推动农村经济发展和社会进步、实现农业现代化的有效组织形式。只有在产、供、销的各个环节建立起专业的农业合作组织，才能使农民的利益在产前、产中与产后得到保障。同样，合作组织在农业产业化体系中也发挥着重要作用。农业生产资料供应、农产品加工销售，乃至农业信贷和保险等一系列产前、产中和产后的服务，依托农民专业合作经济组织既能代表农民的利益，也能降低服务费用，使加工、销售环节利润回流，有助于提高农民生产积极性，这为今后我国农业产业体系建设提供了宝贵经验。

（五）以科技创新促进农业产业体系提升

科技的重要性在发展现代农业的过程中已经体现得淋漓尽致。发达国家在农业产业体系的发展过程中对我们的启示是，农业产业化经营贵在创新，而科技又是创新的核心内容，围绕产业体系进行全方位、多层次的创新，是带动产业提升的根本。以色列、荷兰等地少人多、自然环境恶劣的发达国家农业发展经验告诉我们，科技绝对是农业高质量发展的重要支撑。正是我们看到了农业科技对农业稳产增产的重要性，所以国家才不遗余力地反复强调加强农业科技研发。2022 年一号文件更是将大力推进种源等农业关键核心技术攻关作为乡村振兴的重点工作之一，突出了农业科技对保障粮食安全、实现乡村振兴的重要地位。

（六）政府发挥主导作用

借鉴发达国家农业产业化成功的经验，政府的支持和参与是必不可少的。但政府究竟"做什么"和"如何做"至关重要。以色列政府的主要做法值得借鉴，政府只有将精力用在制定农业发展规划与政策、兴建农业基础设施、支持农业研究与开发、推广科研成果等宏观调控和农业公共服务上，才能避免行政干预过多而支持不足。特别是在我国农村商品经济不发达的起步阶段，无论是农户、企业还是市场都很不成熟，因而这一点就显得尤为重要。

第四节　现代农业产业体系建设与提升

借鉴发达国家农业产业体系建设经验，结合我国西部现代农业产业体系建设实际，我们认为现代农业产业体系建设应注重完善市场体系、发展主导产业、壮大龙头企业、坚持科技创新、加强政府引领、建立农民专业合作经济组织，从改造传统农业、发展新型农业、延伸产业链三个维度提升农业产业体系。

一、现代农业产业体系形成的条件

（一）发展特色主导产业是建设现代农业产业体系的基础

依托区域资源优势，对农业资源进行区域化布局、专业化生产、规模化经营、现代化提升，迅速将农业特色资源发展成为特色产业，并通过特色主导产业的吸纳与扩散，诱导区域其他产业尤其是农产品加工业的形成，从而为产业化经营和产业体系形成打下基础。一个地区如果没有特色主导产业，与之相关联的加工业就很难发展起来，产业体系的形成就会成为无源之水、无本之木。借鉴美国粮食产业现代化和荷兰花卉产业现代化建设与发展经验，西北地区必须立足当地实际，聚焦资源禀赋，突出地域特色，在当地特色农业产业基础上，实现农业现代化。从全国地理标志农产品信息查询系统获悉，甘肃荣获全国地理标志保护的农产品有147种，代表性水果有庆阳苹果、敦煌葡萄、皋兰旱砂西瓜、瓜州甜瓜、张家川红花牛等，代表性蔬菜有庆阳黄花菜、板桥白黄瓜、榆中菜花、榆中大白菜、金塔番茄、正宁大葱等，代表性小杂粮有庆阳小米、庆阳荞麦、永昌啤酒大麦等，代表性畜禽有早胜牛、庆阳驴、天祝白牦牛、肃南甘肃高山细毛羊等，代表性中药材有武都纹党参、陇西黄芪、岷县当归等。陕西荣获全国地理标志保护的农产品有 117 种，代表性水果有眉县猕猴桃、丹凤核桃、蓝田大杏等，代表性蔬菜有靖边马铃薯、宁陕香菇等，代表性小杂粮有横山大明绿豆、米脂小米、淳化荞麦等，代表性畜禽有汉中白猪、镇坪乌鸡等，代表性中药材有镇坪黄连、宁陕天麻等。[①] 新疆荣获全国地理标志保护的农产品有 129 种，代表性水果有和田玉枣、头屯河葡萄、喀纳斯蜜瓜、库尔勒香梨、阿克苏苹果等，代表性蔬菜有奇台白洋芋、巴音布鲁克蘑菇等，代表性小杂粮有木垒白豌豆、达坂城蚕豆等，代表性畜禽（水产）有小海子草鱼、尼雅黑鸡等，代表性中药材有石河子肉苁蓉、塔里木垦区马鹿茸等。青海荣获全国地理标志保护的农产品有 77 种，代表性水果有乐都大樱桃等，代表性蔬菜有乐都柴皮大蒜等，代表性小杂粮有湟中蚕豆等，代表性畜禽有河曲马、苏呼欧拉羊等，代表性中药材有柴达木枸杞等。宁夏荣获全国地理标志保护的农产品有 60 种，代表性水果有青铜峡西瓜、盐池甜瓜、中宁硒砂瓜、灵武长枣等，代表性蔬菜有彭阳辣椒、西吉马铃薯、贺兰螺丝菜等，代表性小杂粮有吴忠亚麻籽油、盐池糜子、盐池谷子、盐池胡麻等，代表性畜禽有大武口小公鸡、涝河桥羊肉、盐池滩羊肉、朝那乌鸡等，代表性中药材有盐池甘草、六盘山黄芪、同心银柴胡等。这些已经荣获全国地理标志保护的农产品，不仅在产地方面很有特色，而且绝大多数在国内外市场上也妇孺皆知、家喻户晓、闻名遐迩、大名鼎鼎，都是我们应该着力扩大生产规模、实现提质增效的发展基础。[②]

---

① 张培刚，方齐云.中国的农业发展与工业化［J］.江海学刊，1996（1）：3-15.

② 刘彦随.中国新时代城乡融合与乡村振兴［J］.地理学报，2018，73（4）：637-650.

（二）完善市场体系是建设现代农业产业体系的前提

市场是商品交易的平台，也是各产业间的连接纽带，现代农业要求建立起与之相适应的统一开放、竞争有序的现代市场体系。产业体系的内部与外部的利益关系，更是特定市场交换关系来决定的。农业产业体系无论是其构成，还是其经营，究竟采取什么形式，都是由所处的市场结构来决定的。农业产业体系面临的加工与销售、专业化与一体化、全球化与区域化、劳动密集与高科技等重大关系问题的具体处理方法，也要根据产业体系所处的市场情况来具体决定。无论是提高农产品流通的组织化程度，完善与全国和国际市场接轨，实现农产品高效流通，还是顺利实现农业现代化，建设和发展一批设施完备、功能齐全、管理规范、辐射力强的现代农产品市场都必不可少。如若没有与现代农业发展相匹配的现代市场体系，必然导致农业产业链上的各个主体信息流通不畅，供不应求与供过于求并存，结构性失衡将会成为市场常态。尤其对西北地区来说，因为地理位置偏僻，交通、信息、冷链物流等建设滞后，兼之产地市场相对有限，经常存在鲜活季节性农产品来不及转运出去就坏在地里的情况，农民从事农业经营的积极性不高，农业生产无序性严重。

（三）壮大龙头企业是建设现代农业产业体系的关键

龙头企业作为农业产业化经营的组织者、劳动者、市场开拓者和运营中心，内联千家万户，外接市场，具有开拓市场、深化加工，提供全程服务的综合功能。在农业产业化的发展过程中农业龙头可以拓宽经营范围、拉长农业产业链，促进农业增效、增值，吸引各类先进生产要素进入，发挥农业的生产功能、生态功能，以及教育、旅游等多种功能，实现农业生产专业化、集约化、社会化。随着农业产业链的延长，农业龙头企业的经营范围也从原来的单纯加工型向农业产前的种子种苗和产后的市场流通延伸，从局限于一省一区向跨省跨区延伸，这对调整农业产业结构、发展特色农业、促进区域协调发展具有十分明显的带动作用。众兴菌业、中盛、圣越、圣农、新希望等农业龙头企业都实现了跨省跨区域经营，不仅实现了自身经营业绩的提升，也有效引导和带动了农业结构更加优化，农业生产更加科学，农民市场风险意识和增收预期进一步增强。

（四）坚持科技创新是建设现代农业产业体系的动力

科技创新是农业发展的不竭动力，是现代农业产业体系提升的根本出路，它通过对生产力诸要素的物化，使生产力发生质的变化。通过科技创新使农业生产工艺流程更先进，使农业生产过程的组织形式更加科学合理，使农业生产经营管理方法更加科学化，手段更加现代化，各个产业之间的联系更加密切。现代农业产业体系提升的本质是把农业建立在现代科学技术的基础上，用现代科学技术和现代工业来武装农业，用科学的方法和手段管理农业，目的是创造出一个高产、优质、低耗的农、林、牧、副、渔业生产体系和一个合理利用资源，保护环境的有较高转化效率的农业生态系统。因此，如果没有科技创新和科技支持，农业是不可能实现现代化的。

（五）加强政府引领是建设现代农业产业体系的保障

在市场经济条件下，农业产业体系的形成应尊重经济规律，充分发挥市场的作用。但市场调节往往具有滞后性。因此，政府在农业产业化过程中，特别是农业产业体系形成的初期，必须加强政府的宏观调控，积极创建更加规范、更具活力、更重创新的法治政策环境，务必营造一个公平、高效、诚信、透明、有序的市场竞争环境。农业产业体系提升的实质在于它能够提高生产力，增加农民收入，所以政府在农业产业体系形成和提升过程中应当发挥引导、扶持、保护的作用，尽量采取经济手段实现政策目标，减少行政指令，保护农民利益，保障农业企业的正常经营。如果忽视了政府的宏观间接调控作用，对于农户和企业需要调控的领域却没有采取有效手段进行必要的干预，那么农业产业体系的形成将是一纸空谈。尤其是乡村水电网等基础设施建设，农产品市场信息的收集、加工和传播，乡村教育、人才培养、农业科技研发与推广体系的培育，都是农业产业体系的基础工作，必须由政府投入和组织，才能得到及时有效的改善并发挥规模经济效益。

（六）合作经济组织是建设现代农业产业体系的纽带

发达国家以及我国农业发达地区的经验告诉我们，农民专业合作经济组织在农业产业体系形成中起着至关重要的纽带作用。它不仅实现了农业产业体系内部的有效连接，而且把农业和其他产业紧密联系起来，有力地促进了农产品生产、流通、储藏、加工等各个环节的有效循环。农民专业合作社是推动农村经济发展和社会进步、实现农村现代化的有效组织形式，它把分散的农户通过劳动联合或资本联合的方式组织起来，通过产供销、种养加、技工贸等专业化服务，实现农户与现代农业、小生产与大市场的有效对接，使弱小的农民进入市场，提高农户家庭经营在市场中的生存力和竞争力。我国农民专业合作组织的发展现状，也说明了发展农民合作经济组织的必要性。建立起完善的农业合作组织，以增加农民的经济谈判能力。只有在产供销的各个环节建立起各种经济职能的农业合作组织，才能使农民的利益在产前、产中与产后得到保障。我国农业产业化是建立在分散、细小的个体农户经营基础上的，由农民自主联合形成的合作组织更能代表农民的利益，它能降低服务费用，使加工、销售环节利润回流，有助于农民生产积极性的提高。

二、现代农业产业体系提升的方法

如果要着眼于构建一个完备、科学、合理的现代农业产业系统和层次，则需要强调提升其产业的质量、高效和一体化程度。因此，现代农业产业体系提升的方法主要有三种。一是对原来的传统农业产业进行改造使其质量水平不断升级。如大力种植优良品种，进行标准化、设施化、绿色化生产和养殖，对农产品进行精深加工等。二是发展新的农业产业类型，拓展农业功能。如发展以观光旅游、休闲度假、教育培训为主的农业文化产业、生物质能源产业、农业资源开发和环保产业、循环农业产业等。三是密切产业之间的关系，发展一体化产业链条。如实行供产销、种养加、农工商一体化经营等。

（一）改造传统农业

改造传统农业使其更具竞争力是提升农业产业体系最基本的方法，这集中表现在产品的数量、质量、安全、效益（包括农产品加工增值）和生态五方面。具体的提升途径如下：

1. 规模化提升

规模经营是推进农业现代化的重要条件，也是产业体系形成的基础。规模经营就是要实现规模经济。所谓规模经济，是指因生产或经营规模扩大，平均成本下降、收益上升的趋势。从理论上讲，充分利用规模经济大致有两条途径：一是扩大经营主体的规模。在种植业中，可通过建立合理的土地流转机制等途径，逐步推进适度规模经营；在畜牧业中，要通过发展大中型饲养场、集中兴建养殖小区、大力发展专业村、专业户，以实现规模化生产[1]。二是靠产业群体内各经济主体的联合，即通过聚集规模的扩大来实现。就是从各地的实际出发，把基地建设、生产规模的扩大与产业结构调整结合起来。以市场为导向，发展各具特色、布局合理的优势产业和产品，形成区域主导产业，逐步形成与资源特点相适应且具有一定规模的区域经济格局。

---

① 卡尔·波兰尼. 大转型：我们时代的政治与经济起源 [M]. 冯钢，刘阳，译. 杭州：浙江人民出版社，2007：232.

2. 科技化提升

现代农业以高效益为基本标志，而高效益的农业必然是以科学技术为支撑的农业。随着社会主义市场经济体制的逐步建立和完善，产品的竞争最终取决于它的科技含量。[①] 因此，科技创新和技术进步是提升现代农业产业体系的强大动力和重要支撑，这就要求我们必须重视科技创新，加大农业增产、抗灾、防腐、保鲜等关键核心技术研发，确保农业科技资金投入持续增长，并进一步完善重点面向农业生产的科技服务体系，培育更多熟练应用农业科技的新型职业农民。

3. 机械化提升

农业机械化突破了人畜力所不能承担的农业生产规模、生产效率的限制，实现了人工所不能达到的现代农业要求，改善了农业生产条件，提高了农业劳动生产率和生产力水平，推动了农业生产的标准化、规模化、产业化发展，是推动传统农业向现代农业转变的关键要素。要实现农业的现代化，形成农业竞争力的核心能力，必须大力发展农业机械化，用现代物质条件装备农业，提高农业生产的机械化和集约化水平。按照"大农业""大农机"的思路[②]，盘活存量，优化增量，以数字化、自动化、智能化为目标，通过加快农机具装备的更新改造和升级换代，全面优化调整农机具结构，变单一的机械作业为复式综合机械化作业，从侧重于产中环节转向产前、产中、产后的全过程机械化。

4. 信息化提升

农业信息化是农业现代化的重要内容，是农业适应市场经济的重要途径，是提高农业综合生产力的有力手段，是政府管理农业的有效方

---

① 孟德拉斯. 农民的终结 [M]. 李培林，译. 北京：社会科学文献出版社，2005：45.

② 程艺阳，陈伟，王雅楠. 陕西省特色现代农业产业体系发展测评与模式分析 [J]. 北方园艺，2021（14）：165-172.

法。农业信息化就是在农业领域全面地发展和应用现代信息技术，使之渗透到农业生产、交换、市场、消费、分配以及农村经济发展的各个具体环节，从而极大地提高农业生产效率和农业生产力水平。[①] 要加快农业信息化的进程，一是建立、健全农业信息网络体系；二是积极开发农业信息资源，增强农业信息服务功能；三是提高农业支柱产业和龙头企业的信息化水平。

5. 标准化提升

农业标准化是指运用"统一、简化、协调、优选"的原则，对农业生产产前、产中、产后全过程进行指导，通过制定标准和实施标准，推广应用先进的农业科技成果和经验。没有农业的标准化就没有农业的现代化。首先，制定和完善农业标准化体系，把农业标准和规范制定延伸到产前、产中、产后各个环节，制定出既符合中国农业国情，又与国际接轨的农业标准与规范。其次，健全农业标准化的实施推广体系，在种子、农艺、农机、加工和从业人员素质等方面实施标准化管理。最后，加强农业监测体系建设，重点强化监测、检查和执法工作。

6. 品牌化提升

品牌是建立产品差异化竞争优势的工具、是生产者与消费者有效沟通的桥梁，能给生产经营者带来更多的销售收入。品牌建设不仅是衡量现代农业发展水平的重要指标，还是增强农产品竞争力、扩大市场份额、提升农业产业体系的有效途径。农产品品牌建设在我国才刚刚起步，各地应依托资源优势，挖掘农产品品牌资源，及时组织品牌注册，通过系统营销扩大品牌知名度，树立品牌形象。同时，还要通过有效方法保护品牌价值，并利用成功的品牌进行延伸与扩展，使品牌价值不断增值。

---

① 王润，陈法杰. 新疆现代农业产业体系构建研究 [J]. 西部皮革，2016，38（22）：130-131.

7. 组织化提升

农民组织化程度是农业现代化的主要标志，是小农户与大市场对接的重要方法，是提高农民市场主体地位、增加农民收入的有效途径。世界各国无不是通过发展农民合作组织来提升农业的现代化水平。[①] 提高农民组织化程度，重点是发展三类组织：一是以一定社区范围内的农民为基础，组建收益共享、风险共担、进出自由的农民协会；二是以一定社区范围内的农民为基础，组建专业生产某一种类农产品的农民专业合作社；三是以资本和劳动结合的方式组建起来，实行按股分红和按劳分配相结合的股份合作组织。

（二）发展新型农业

发展新的农业产业类型，是拓展农业功能的主要途径，也是提升现代农业产业体系的重要方法。

1. 休闲农业

休闲农业也称观光农业、旅游农业，是以农业资源、田园景观、农业生产、农耕文化、农业设施、农业科技、农业生态、农家生活和农村风情风貌为资源条件，为城市游客提供观光、休闲、体验、教育、娱乐等多种服务的农业经营活动。从农村产业层面来看，休闲农业是农业和旅游业相结合、第一产业（农业）和第三产业（旅游及服务业）相结合的新型产业，也是具有生产、生活、生态"三生一体"多功能的现代农业，显示出较强的生命力和发展前景。[②] 休闲农业所表现的是结合生产、生活与生态"三生一体"的农业，即利用田园景观、自然生态等环境资源，以野生生物和农业生物为载体，以农业科技为依托，以产

---

① 倚"特"而立 向"高"而行——从三个产业样本看宁夏现代农业三大体系建设 [J]. 吉林农业，2016（20）：64-67.

② 苏泽龙. 新中国成立初期传统农业改造研究 [J]. 当代中国史研究，2020，27（4）：103-112，159.

业化经营为主线，以为人们提供满意的休闲服务为宗旨，以实现农村发展和农民增收为根本目的的农业。①

休闲农业有利于调整和优化农村产业结构，延长农业产业链，带动二、三产业的发展，提高农业的综合效益；有利于农村剩余劳动力的转移和就业。因为休闲农业是劳动密集型产业，不仅需要生产、管理人员，而且需要从事住宿、餐饮、交通、商业等行业的服务人员，为农村剩余劳动力转移和增加农民收入创造了条件。休闲农业有利于城乡人员、信息、科技、观念的交流，不仅使城市居民了解和体验农业，而且使农民转变观念和提高素质，加强城乡互动，促进城乡协调发展。休闲农业有利于挖掘、保护和传承农业文化，保护农村资源和生态环境，实现农业的可持续发展。

休闲农业的资源基础立足于"三农"。休闲农业是农业、农村、农民等资源向外延伸发展的产业，包括以农产品延伸、农民工延伸、农业自身和农村自身延伸等几方面。以农产品延伸主要是在对农产品品种进行拓展、丰富，对农产品深加工，延长产业链，开发农产品的多种消费利用途径，将生产、销售、服务联结为一体，进一步拓展农产品市场空间，特别是满足休闲消费的需要。以农民工延伸主要是充分发挥和利用农村丰富的剩余劳动力的作用，在对农民工培训和教育的基础上，将农民工从农业生产领域延伸到农产品加工、销售和休闲服务行业。以农业自身延伸主要是充分发挥和利用农业的多功能性和农业特有的生产经营方式，创造优美的绿色生态休闲环境，为人们提供观光旅游、休闲养生、生产体验、娱乐教育等多种休闲服务。以农村自身延伸主要是利用农村的传统文化、生活起居、自然生态等资源，为人们提供特有的休闲服务。从地域的角度看，休闲农业基本上等同于乡村地区的休闲产业，

---

① 崔力航，郭睿. 对改造传统农业的理解与验证——基于中国农业发展的案例［J］. 农业与技术，2020，40（12）：177-180.

或"乡村休闲"。由此可见，相关政策的重点，应该逐渐从"产业"（农业）转到"地域"（农村），从"地域"转到经济行为主体（农民）。①

2. 精准农业

1993—1994 年，精准农业技术思想首先在美国明尼苏达州的两个农场进行试验。结果用 GPS 指导施肥的产量比传统平衡施肥的产量提高 30% 左右，而且减少了化肥施用总量，经济效益大大提高。据统计，1995 年美国约有 5% 的作物面积不同程度地应用了精细农作技术，美、加、澳、欧等国精准农业的实验研究已涉及小麦、玉米、大豆、甜菜、土豆等作物生产，巴西、马来西亚等国也开始精准农业的试验研究与示范应用。精准农业的试验成功，使得其技术思想得到了广泛发展。②

精准农业是在现代信息技术、生物技术、工程技术等一系列高新技术最新成就的基础上发展起来的一种重要的现代农业生产形式，其核心技术是地理信息系统、全球定位系统、遥感技术和计算机自动控制技术。精准农业系统是一个综合性很强的复杂系统，是实现农业低耗、高效、优质、安全的重要途径。③

精准农业以 3S（GPS、GIS 和 RS）信息技术为支撑，根据空间变异，定位、定时、定量地实施一整套现代化农事操作技术与管理的系统，是信息技术与农业生产全面结合的一种新型农业。其基本含义是根据作物生长周期规律和土壤性质，查清田块内部的土壤性状与生产力空

① 吴芳，杜其光，张京京，等 . 物联网技术改造提升天津传统农业对策研究 [J]. 中国农机化学报，2018，39（6）：114-118.
② 邓大才 . 改造传统农业：经典理论与中国经验 [J]. 学术月刊，2013，45（3）：14-25.
③ 潘锦云，杨国才，汪时珍 . 引植农业现代服务业的制度安排与路径选择——基于现代服务业改造传统农业的技术视角 [J]. 经济体制改革，2013（1）：74-78.

64

间变异，定位"系统诊断、优化配方、技术组装、科学管理"，调动土壤生产力，并精确定时、定量控制资源投入，最大限度地提高农业生产力，以实现优质、高产、低耗和环保的可持续发展目标，获得农业生产经济效益、社会效益和生态效益。精准农业由十个系统组成，即全球定位系统、农田信息采集系统、农田遥感监测系统、农田地理信息系统、农业专家系统、智能化农机具系统、环境监测系统、系统集成、网络化管理系统和培训系统。实施精准农业将会促进农业生产结构的进步，大大缩短农业科研的周期，改变农业劳动力的就业结构，使之向现代农业生产方式转化。

3. 生态农业

生态农业是人们利用生物措施和工程措施不断提高太阳能的固定率和利用率、生物能的转化率以获取一系列社会必需的生活与生产资料的人工生态系统。它要求把粮食生产与多种经济作物生产相结合，把种植业与林、牧、副、渔业相结合，把大农业与二、三产业发展相结合，利用我国传统农业的精华和现代科学技术，通过人工设计生态工程，协调经济发展与环境之间、资源利用与保护之间的关系，形成生态和经济的良性循环，实现农业的可持续发展。生态农业模式的类型很多，主要有以下三个类型：一是时空结构型，具体有果林地立体间套模式、农田立体间套模式、水域立体养殖模式、农户庭院立体种养模式等。二是食物链型。具体有种植业内部物质循环利用模式、养殖业内部物质循环利用模式、种养加三结合的物质循环利用模式等。三是时空食物链综合型。这是时空结构和食物链的有机结合，使系统中的物质得以高效生产和多次利用，是一种适度投入、高产出、少废物、无污染、高效益的模式类型。

例如，在中国北方形成了以地膜覆盖为重要内容的"旱作农业和塑料大棚+养猪+厕所+沼气"四位一体的生态农业模式，取得了明显的效果。将沼气池、猪舍、蔬菜栽培组装在日光温室中，温室为沼气池、猪舍、蔬菜等提供良好的温湿条件，猪也能为温室提高温度，猪的呼吸和沼气燃烧为蔬菜提供气肥，可使作物增产，蔬菜为猪提供氧气，猪粪尿入沼气池产生沼肥，为作物提供高效有机肥。在一块土地上实现了产气积肥同步，种植养殖并举，建立起生物种群多、食物链结构较长、物质能量循环较快的生态系统，达到了农业清洁生产，农产品无害化，以及非常可观的经济效益和生态效益。南方"猪—沼—果"模式以养殖业为龙头，沼气建设为中心，带动粮食、甘蔗、烟叶、果业、渔业等产业发展，广泛开展农业生物综合利用，利用人畜粪便入池产生的沼气做燃料和照明，利用沼渣和沼液种果、养鱼、喂猪、种菜，多层次利用和开发自然资源，提高经济效益，改善生态环境，增加农民收入。广西恭城瑶族自治县通过推广此种模式带动了种植业和养殖业的发展，生猪出栏量三年翻两番，水果产量三年年均增长 50%。①

4. 循环农业

循环农业是一种全新的理念和策略，是针对人口、资源、环境相互协调发展的农业经济增长新方式。其核心是运用可持续发展思想、循环经济理论与产业链延伸理念，通过农业技术创新，调整和优化农业生态系统内部结构及产业结构，延长产业链条，提高农业系统物质能量的多级循环利用，最大程度地利用农业生物质能资源，利用生产中每一个物质环节，倡导清洁生产和节约消费，严格控制外部有害物质的投入和农业废弃物的产生，最大程度地减轻环境污染和生态破坏，同时实现农业生产各个环节的价值增值和创造优美的生活环境，使农业生产和生活真正纳入农业生态系统循环，实现生态的良性循环与农村建设的和谐

---

① 郭焕成，吕明伟. 我国休闲农业发展现状与对策 [J]. 经济地理，2008（4）：640-645.

发展。①

从本质上看，循环农业最主要特征是产业链延伸和资源节约。循环农业的概念经历了循环型农业、循环节约型农业、农业循环经济，最终演变为循环农业。从广义上看，循环农业是整个国民经济系统的一个子系统，在农业资源投入、生产、产品消费、废弃物处理的全过程中，把传统的依赖农业资源消耗的线性增长经济体系，转换为依靠农业资源循环发展的经济体系，倡导的是一种与资源、环境和谐共处的农业经济发展模式②。

循环农业具有四方面特征：一是遵循循环经济理念的新生产方式，要求农业经济活动按照"投入品→产出品→废弃物→再生产→新产出品"的反馈式流程组织运行；二是一种资源节约与高效利用型的农业经济增长方式，把传统的依赖农业资源消耗的线性增长方式，转换为依靠农业资源循环利用发展的增长方式；三是一种产业链延伸型的农业空间拓展路径，实行全过程的清洁生产，使上一环节的废弃物作为下一环节的投入品；四是一种建设环境友好型新农村的新理念，遏制农业污染和生态破坏，在全社会倡导资源节约的增长方式和健康文明的消费模式。

由此可见，循环农业是现代农业的一种新型发展模式，是转变农业发展方式的有益探索。循环农业的驱动力是经济效益，最终目标是要实现经济效益和生态环境效益的双赢。发展循环农业必须依托现代农业技术和手段。发展循环农业不能只局限在农业领域，要延伸产业链，实现农、工、商之间的交叉利用和共同发展，即农业产业化是实现循环农业

---

① 范水生，朱朝枝．休闲农业的概念与内涵原探 [J]．东南学术，2011（2）：72-78.
② 范水生，朱朝枝．休闲农业的概念与内涵原探 [J]．东南学术，2011（2）：72-78.

发展的具体形式。①

5. 设施农业

设施农业早在我国古代已有雏形。温室蔬菜栽培技术在明嘉靖年间已经出现，但直到 20 世纪 60 年代末，我国设施农业发展都处于低水平阶段。20 世纪 70 年代，我国从日本引进地膜覆盖技术，并在随后的时间里得到了快速推广。20 世纪 80 年代，塑料大棚、日光温室、遮阳网膜等设施园艺技术慢慢得到了推广，形成了以地膜覆盖、温室以及风障的配套保护，以塑料棚为主的蔬菜生产体系。20 世纪 90 年代，我国开始大力从国外引进一系列配套栽培技术以及大型连栋温室技术等，从而使得一些反季节性或者超时令的园艺作物得到了较大规模的种植。②

设施农业作为一种高科技含量、高投入、高产出、高效益的集约化农业生产方式，是现代农业的重要标志之一。设施农业是通过采用现代农业工程和机械技术，改变自然环境，为动、植物生产提供相对可控甚至最适宜的温度、湿度、光照、水和肥等环境条件，而在一定程度上摆脱对自然环境的依赖，进行有效的农业生产。它具有高投入、高技术含量、高品质、高产量和高效益等特点，是最有活力的农业新型产业。设施农业是涵盖建筑、材料、机械、自动控制、品种、栽培技术和管理等学科的系统工程，其发达程度是体现农业现代化水平的重要标志之一。

6. 有机农业

有机农业指遵循可持续发展原则，按照有机农业基本标准，在生产过程中完全不用人工合成的肥料、农药、生长调节剂和家畜饲料添加

---

① 刘金铜，陈谋询，蔡虹，等. 我国精准农业的概念、内涵及理论体系的初步构建［J］. 农业系统科学与综合研究，2001（3）：180–182.
② 陈桂芬. 面向精准农业的空间数据挖掘技术研究与应用［D］. 长春：吉林大学，2009.

剂，不采用基因工程技术及其产物的农业生产体系。其核心是建立和恢复农业生态系统的生物多样性和良性循环，有机农业系统旨在保持和提高土壤肥力和保护生态环境。在农业和环境的各方面，充分考虑土地、农作物、牲畜、水产等的自然生产能力，并致力于提高食物质量和环境水平。在生产过程中尽量减少外部投入物，而主要依靠自然规律和法则提高生态循环效率。随着全球经济的发展和社会的进步，人们对生活的质量和食品的品质产生了独特的要求，追求纯天然、无污染的健康食品已成为一种时尚，有机农业是现代农业的重要组成部分和主要发展方向。

一般来说，传统农业多着眼于原有产业的改造，使其质量水平不断升级，而城市周边则多发展新的农业产业类型来拓展农业的功能。新的农业产业类型的出现和发展，必须具备多种条件，如全新的经营理念、全新的技术、密集的资金和合适的消费群体等。这些条件往往在城市周边地区最先具备。

（三）延伸产业链

延伸产业链条，密切产业关系，实行供产销、种养加、农工商一体化经营是提升现代农业产业体系的根本方法。当前乃至很长一段时间内，产业竞争已不是单个生产环节和单一产品的竞争，而是整个产业链之间的竞争。现代农业产业体系的提升必须从关联产业或全产业链角度来提升其竞争力，也就是对农业产业链进行优化升级，按照现代化大生产的要求，在纵向上实行产加销一体化，在横向上实现种养加与资金、技术、人才和信息等要素的集约经营，形成生产专业化、产品商业化、服务社会化的经营管理格局。

1. 理顺和协调产业链

增强整链系统意识，使产业链的物流、信息流、资金流等顺畅协调，降低交易费用，获得整链效益。为此，应以市场需求为导向，通过减少流通环节，积极推行订单农业，使农户与加工企业建立稳定的契约关系和利益共同体来整合和引导整个产业链的发展。产业链的整合还必须消除地方保护主义，避免人为割断产业链，将农产品生产流通纳入正规化、制度化和法制化轨道。

2. 全方位拓展农业产业链

一是延伸农业产业链长度，即从纵向角度使产业链向前向后延伸，做精做细农产品精深加工，实现产品增值；二是拓宽农业产业链宽度，即从横向角度拓宽扩充产业环节和产品功能，提高综合利用程度；三是夯实农业产业链的厚度，即壮大农业产业链的规模，只有具有一定规模的产业链，才能产生一定的市场竞争力。

3. 推动农民进入产业链

适当放开或降低农户进入农业产业链其他环节的壁垒，使农民不仅仅经营初级农产品，还要在一定程度上进入农产品深加工、流通、服务等环节，才能使农民分享价值增值的收益。如果农民只是获得了初级农产品生产、销售环节微薄的收益，其生产积极性就会严重受挫，长此以往，不利于农民增收和农业经济的发展。要想让农民更深层次参与农业产业链增收收益，就需要加大对农民的教育和培训，要通过科学技术、职业技能培训，提高农民的科技素质，使其具备深度参与农业产业链高附加值环节的能力。

第五节　提升现代农业产业体系的思路与对策

发达的农业必须建立在发达的农业产业体系之上，只有这样才能提升一国农业竞争力。没有发达的农业产业体系就没有现代化的农业，工业化就如无源之水，无本之木。因此，构建现代农业产业体系，有利于实现农村剩余劳动力转移就业、促进农民增收致富、提升农业现代化水平、提高农业国际竞争力、实现乡村振兴。

一、现代农业产业体系提升思路

根据发达国家的经验，结合地区实际，我们认为，西北现代农业产业体系构建和提升的总体思路是：以习近平新时代中国特色社会主义思想为指导，以保障粮食安全为基础，以延伸农业产业链农副产品加工业为重点，以农产品营销和流通为龙头，以农业科技、信息、市场、生产资料供应等社会化服务体系建设为支撑，以提高农民整体素质和农业组织化程度为保障，外延提升与内涵提升相结合，传统农业改造与现代农业类型发展并重，协同农业产业体系的其他产业，循序渐进协调发展，共同促进农民收入增加和农业综合竞争力提高。

（一）产业重点——优势特色农产品产业化经营

围绕优势特色农产品的产业化经营来构建现代农业产业体系，是加快现代农业产业体系发展的着力点和突破口。由于农业是最受自然条件和生物资源影响的产业，而不同的区域具有不同的自然条件和生物资源，充分利用不同区域的优势特色资源就有可能生产出"人无我有、人有我有"，具有明显市场竞争优势和较高经济效益的特色农产品。相反，如果不注重各区域的农业生产条件和生物资源，而硬性生产出一般化、大众化、雷同化的农产品，就没有市场竞争优势，也不会给生产者和经营者带来较高的经济回报，这就自然对聚集各方要素没有吸引力。但是，优势特色农产品的生产必须走以市场为导向，以加工企业和专业合作经济为依托，以农户为基础，将优势特色农产品再生产过程中的产前、产中、产后诸环节连接为一个产业系统实行产加销、贸工农一体化经营之路，才能把潜在的价值转变为最大的市场价值。优势特色农产品产业化经营的过程，也就是逐步建立和完善现代农业产业体系的过程。

71

近年来，在各地推进农业产业化的过程中，其经营组织模式多种多样，如"公司+农户""专业合作社+农户""公司+专业合作社+农户""批发市场+农户""基地+农户"等。随着农业的专业化、规模化、特色化的不断发展，应不断丰富和完善产业化经营组织，在"公司+农户"的产业化经营组织模式中加入专业合作社，更好地发挥其协调、服务作用；在"公司+专业合作社+农户"的产业化经营模式加入现代农业产业基地，促进优势特色农产品相对集中连片发展；在产加销、贸工农各方的利益联结中强化契约的作用，促进各方利益的协调和建立长期的稳定合作关系。① 应当强调的是，在丰富和完善产业化经营组织的过程中，必须高度重视农民专业合作组织的培育，这是推进农业产业化的核心环节，是构建现代农业产业体系的组织基础。农民专业合作组织是以提高竞争能力、增加成员收入为目的，由从事同类产品生产经营的农户（专业户）自愿组织起来，在技术、资金、信息、购销、加工、储运等环节实行自我管理、自我服务、自我发展的专业性合作组织。近年来，各地农民专业合作社在政策的扶持下发展很快，对于推进农业的产业化和完善现代农业产业体系的组织基础起到了很大的促进作用。但是，专业合作社还存在运作不规范、政策支持不够、自我发展能力低、带动力不强等问题，今后应积极创造条件，进一步加大政策的扶持力度。此外，应积极发挥农产品行业协会在政府与企业、农户之间的桥梁和纽带作用，在市场与企业、农户之间的中介服务作用，这是构建现代农业产业体系不可缺少的产业经济组织。

（二）环节重点——大力发展农产品加工业

农产品加工业是现代农业产业体系中的核心环节，鼓励和扶持这一

---

① 尹昌斌，唐华俊，周颖. 循环农业内涵、发展途径与政策建议 [J]. 中国农业资源与区划，2006（1）：4-8.

环节的发展，既可以延伸产业链，提高农产品附加值，增加农民收入，也可以开拓农产品市场，创造和挖掘潜在需要，以中间需求的扩张实现农业经济增长。从现有食品加工类上市公司数量来看，西北地区本土农产品加工企业普遍规模较小，效益较差，国际影响力相对有限，品牌效益不明显，市场竞争力相对较弱。对西北地区来说，今后乃至很长一段时间内，在做大做强现有企业的基础上，必须注重特色鲜明的"甘味""陕味"等品牌培育，提升市场影响力，并围绕特色产业发展精深加工，开展种质关键核心技术科技攻关，创建具有区域影响力的龙头企业与农产品品牌。

（三）服务重点——聚焦产业化服务组织

由于农业公益性、基础性、脆弱性等特征的制约，构建现代农业产业服务体系不仅包括完善以营利为主要目的的经营性服务组织，如生产资料、化肥、农药、种子等产前服务组织，农产品运输、储藏、加工、销售等产后服务组织，还应包括加强不以营利为主要目的的公益性服务组织建设，主要包括：建设以公益性农技推广服务体系为主导，以农业科研院所、农业企业、农业专业性服务组织、各类农民中介组织为补充的新型农技服务体系；加强和完善农产品产地环境监测、投入品质量监管、生产技术规范、质量标准、质量检验检测和农产品认证体系建设，构建农产品质量安全体系；积极开发和整合涉农信息资源，构建现代农业信息服务体系；以培肥地力、防治面源污染、改善生态为重点，加强农业资源与生态环境的预警监测，加大农田基本设施建设力度，建立农业资源数据网，构建农业资源与生态保护体系；加大对现代农业的投入和支持力度，强化政策的执行机制，构建适应现代农业发展要求的政策服务体系。

（四）模式选择——重点推广"龙头带动、政府引领、农民参与"模式

围绕主导产业发展龙头企业，围绕龙头企业建设生产基地，围绕生产基地提升规模化、标准化、科技化、机械化、组织化、信息化，从而实现"龙头带动、政府引领、农民参与"模式在各地推广应用，提升现代农业产业体系高质量发展。各地应借鉴其经验，充分发挥政府在产业提升中的杠杆作用，初期应重点培育龙头企业，企业做大后政府应着力发展生产基地，带动农民围绕企业发展优势产业，最终实现三者联动协调发展。

大力培育加工龙头企业，既是推进农业产业化的关键，又是构建现代农业加工体系的核心。培育农产品加工龙头要以提供营养、安全、方便、绿色、保健等精深加工产品为主攻方向，通过基地托龙头、科技强龙头、机制活龙头、品牌优龙头，积极扶持发展具有自主知识产权、产业关联度大、带动能力强、有国际竞争力的重点农产品加工企业，使之成为拉动现代农产品加工体系建设的核心力量。同时，要围绕优势特色农产品生产基地加强农产品批发市场建设，完善销售网络，大力发展配送中心、网络化的连锁超市、农超对接、电子商务、农产品期货市场等，形成大市场、大网络、大流通的基本格局。以农产品加工基地和园区为载体，依靠龙头带动，集聚一批分工明显、优势突出、特色鲜明的农产品加工流通企业，吸引一批具有现代交易手段的流通中介与企业，扶持一批农民专业合作组织和行业协会，大力完善产业配套体系和科技支撑体系，最终形成具有较强市场竞争力的农业产业集群。

另外，在提升中还应关注农业产业体系的系统性、动态性和开放性。农业产业体系不仅仅是要解决农业生产、加工、运销的联系问题，而且涉及生产、经营与生态、科技、信息、装备等产业互动的问题，必须运用系统的方法，使各个环节、各相关产业都能得到充分的发展。动

态性告诉我们，只要农业产业体系的某个构成要素发生变化，其内部联系方式也会发生变化，从而其效力就会受到影响。因此以市场为导向，适时调整体系内部结构，保持体系的均衡是非常重要的。此外，现代农业在一定意义上已突破了区域限制，农业资源在全社会范围内配置不仅可能，而且很有必要，在发挥各地资源优势的基础上，从大市场、大流通的角度，充分利用国内外两种资源，开拓国内外两个市场，是新的农业产业体系开放性的基本要求。

二、西北现代农业产业体系提升对策

（一）鼓励农业生产规模化

规模化生产是现代农业产业体系形成的基础，是促进传统农业向现代农业转变和提升的客观需要。规模化生产可从两方面着手：

1. 鼓励土地合理流转

一要实行土地"三权"分离，促进土地流转和连片集中，这是推进土地规模经营的关键。即要在坚持公有制、家庭联产承包责任制和双层经营体制不变的前提下，实行土地所有权、承包权、经营权分离的制度，明确所有权，稳定承包权，搞活使用权。与此同时，还要注意培育承包土地使用权的流转市场。二要实行扶持优惠政策。土地规模经营是农村先进生产力的代表，政府要实行优惠政策，鼓励种植、养殖能手从事规模化生产。三要进一步改造中低产田和开发宜农荒地、滩地、荒山、荒坡，利用一切可以利用的土地，形成新的农业生产基地，通过扩大生产领域，保证稳定持续地增加农牧渔业产量。四要建设商品生产基地，采取省与地方投资的方式，本着因地制宜发挥优势的原则，充分运用农业区划成果，有计划、有步骤地在交通方便，生产、经济、技术条件较好，增产潜力较大，具有一定生产规模，商品率较高的地区选建，搞好土地规模经营和综合开发。

2. 合理调整农业生产力布局，推进区域主导产业发展

一是优化农业区域布局。按照国家制订的优势农产品区域布局规划、特色农产品区域布局规划，优化全省农业区域布局，引导优势农产品、特色农产品向优势产区集中，使国家确定的优质专用小麦、专用玉米、棉花、"双低"油菜、苹果等优势农产品形成产业带，使优势农产品、特色农产品实现合理布局。二是积极推进以优质小麦为重点的优质粮食生产和加工基地建设。对优势农产品、优势产区进行项目和资金扶持，以国家实施优质粮产业工程为契机，搞好粮食主产县和国有农场优质粮食产业工程项目建设，大力发展粮食经济，构建西北特色鲜明的粮食加工体系，逐步实现粮食产品由初级加工向精深加工转变，由传统加工工艺向先进适用技术转变。形成与粮食大省相适应的加工布局，建成一批在国际国内市场上有竞争力的粮食加工骨干企业，延长粮食产业链，提高粮食生产的附加值。三是加快特色农产品生产和加工基地建设。加快列入全国优势农产品生产区的优质棉花、"双低"油菜、苹果生产建设。同时，对特色农产品实行专业化、规模化、标准化生产，努力提高加工水平，提高产品档次，使特色农产品品牌叫响全国。

（二）扶持一批农业龙头企业

农业龙头企业是农业产业集群的核心，只有壮大这一核心，才能对千家万户的农户发挥辐射和带动作用。在现代农业产业体系的建立和形成过程中重点扶持成长型企业的发展，使之"一大二强三多"。即企业的规模和相关联的产业要做大；企业和产品的核心竞争力要做强；带动农民的人数和给农民带来的利益要做多。财政上，各项涉农资金要优先用于扶持龙头企业发展。农业综合开发资金、土地整理资金要优先安排用于龙头企业生产基地的中低产田改造、地力提升、土壤改造等。将龙头企业技术改造项目优先安排，对有条件的龙头企业开展信息网络体系建设，可有别于制造业的信息化建设要求给予倾斜，纳入信息化建设资金的扶持范围。将龙头企业列为财政资金与各项政策优惠与照顾资金扶持的重点。金融上，要把扶持龙头企业作为信贷支农的重点。根据扶优汰劣的原则给予支持，建立适合龙头企业特点的授信制度，合理确定授信额度。在信贷资金安排上给予倾斜，适当执行利率优惠；对龙头企业加工农产品，用作原料的农产品收购资金，金融部门优先提供贷款。对加工出口的，可凭借企业出口产品订单和外商提供的由其开户行出具的信用证优先贷款等。

（三）建立和完善农业科技创新机制

逐步建立和完善农业科技创新机制，用高新技术和先进适用技术改造提升传统农业。围绕壮大支柱产业，认真落实国家和省高新技术改造传统产业的扶持政策，省农业经济结构调整和高新技术产业化项目资金，要积极支持应用高新技术改造传统产业的项目。

从省情和农业产业发展需求出发，加强对制约国民经济发展的关键技术和产品的创新。加强现代农业技术开发，加快农业结构调整和产业升级。依靠农业科技进步，提高科技进步对农业的贡献率。要引进、消化关键技术，组织实施重大技术装备、农作物良种选育、农产品深加工技术、疫病防治等技术创新工程，加快建立完善有效的农业科技创新长效动力机制，促进其可持续的效益增长和创新能力提升，完善农业科技创新激励机制，建立起对重大农业科技创新成果的政府采购制度，鼓励涉农企业参与科技创新，支持农民运用创新成果，进一步完善农业知识产权保护体系与制度。加强优势农作物品种的选育和推广，提高良种覆盖率。加强快速繁育和规模化养殖技术开发，提高畜产品科技含量。加快主要农畜产品精深加工技术的应用，提高农畜产品增值能力。要抓好现有农业技术的组装配套，并加速推广应用。用生物、信息等高新技术改造传统农业，大力发展绿色农业、设施农业和标准化农业。加快农业科技园区建设，示范和带动全省农业实现工业化运作、专业化生产和产业化经营。

大力实施"科技富民工程"、国家"粮食丰产科技工程"。设立专项资金，组织实施"科技富民工程"，提高科技服务县域经济发展的能力。要健全农村科技服务体系，大力推广应用先进适用的农业新技术。加强农村科技培训，指导农民掌握农业专业技术。加强产学研结合，鼓励各类科技力量进入企业。要以技术和资本为纽带，推动企业与高等院校、科研机构开展技术转让、技术入股、联合开发、共建研发机构等多种形式的合作，建立产学研各方优势互补、利益共享的技术合作机制。鼓励高等院校、科研机构的科技力量进入企业，发挥人才、技术方面的优势，为企业的发展提供技术支持。支持企业走出去，将研发平台延伸到发达地区、发达国家，充分利用外部科技资源为企业技术创新服务。在企业人才引进和使用上打破部门、身份、地域和所有制界限。搭建产学研信息平台，为企业创造更为宽松的智力资源流动环境。

（四）培育新型职业农民

农民是发展现代农业、建设新农村、实现乡村振兴的主体。培养造就有文化、懂技术、会经营、善管理的新型职业农民，全面提高农民的综合素质，是促进农民增加收入、发展现代农业、提升现代农业产业体系的根本举措。按照"政府买单到村、培训落实到人、机构招标确定、过程规范管理"的工作机制，围绕主导产业，大力培养专业农民。

创新培训方式和内容。要适应农民需要，开展灵活多样、易懂易学的实践培训、现场教学、短期培训，整村推进农业科技进村入户。切实改善科技培训工作条件，促进培训手段现代化、信息化。培训内容要增强针对性和可操作性，结合发展现代农业和建设新农村的要求，突出现代信息技术、农产品加工技术、生物技术、清洁生产技术、环保技术等作用。

健全农民培训体系。要建立政府主导、农科教结合、社会广泛参与的农民科技培训体系。充分发挥政府的主导作用，切实加大投入力度。整合农业科研教学单位等各类教育培训机构的力量，鼓励企业、农村合作经济组织、中介机构等社会力量积极参与，形成一批布局合理、设施良好、教学水平高、受农民欢迎的农民科技培训基地。

（五）大力发展农民专业合作经济组织

受历史、文化、生产规模等等因素的影响，农民对目前的专业合作经济组织的性质并不了解。而各级政府和相关部门首先应该从思想上对农民做好引导工作，利用各种形式的宣传，让农民深刻地明白发展专业合作经济组织给自己带来的好处，解除他们的各种顾虑。其次，政府要加大对专业合作经济组织的扶持力度，推进实现专业合作经济组织坚持对内非营利性服务宗旨。在农民专业合作经济组织创立和发展初期，加大政府对农民专业合作经济组织的扶持，尤其注重风险防范机制的建立，通过设立各类风险基金和保险资金，增强农民抵御生产风险和市场风险的能力。同时要在金融和税收方面给予优惠和照顾，为其经营提供资金支持和税收优惠。

（六）充分发挥政府主导作用

在现代农业产业体系建立和形成过程中，地方政府首先确立统筹发展的理念，包括统筹城乡发展的理念、统筹农业工业发展的理念、统筹人与自然和谐发展的理念、由管制政府向提供公共服务政府转变的理念。

现代农业产业体系应建立在农民积极参与的基础上，要使农民成为受益者。要从农民群众最关心，要求最迫切、最容易见效的事情抓起，不断让农民群众得到实实在在的好处。要根据本地区情况创造性地开展工作，不强迫命令、不包办代替、不搞形式主义，特别要防止出现以各种名义增加农民负担的现象。各级政府要把现代农业产业体系的建立和提升作为现代农业建设的首要内容，通过现代农业产业体系的提升，促进农民收入的提高，地方政府应根据"以工促农、以城带乡"新阶段的要求，合理调整财政支出结构，带动信贷资金更多地投向农村。通过以奖代补、项目补助等新的办法，引导和鼓励农民开展现代农业建设。

　　现代农业产业体系的建设是一项内涵十分丰富、任务非常艰巨的系统工程。地方政府必须跳出就农村建设抓农村建设的旧思路，建立长效机制，为现代农业产业体系建设稳步推进提供制度保障。

第四章

构建现代农业经营体系

我国现代农业发展面临的最大制约是农业经营规模过小。构建现代农业经营体系，核心是发展适度规模经营。无论是现代化先进科技成果的推广与应用，还是农产品生产经营品质、生产效益及市场竞争力的提升，都要以一定的生产规模为前提。构建现代农业经营体系，可以有效解决农业小生产与大市场不协调的矛盾，增强新型农业经营主体市场意识，推动各类农业生产要素、资源在配置效率上更加优化，促进农民收入增加，保障农产品有效供给。构建现代农业经营体系，必须大力发展多种形式的规模经营，积极培育并引导支持发展家庭农场、农民专业合作社等新型农业经营主体，推动其成为现代经营理念、先进科学技术的主导力量和主力军。

第一节 现代农业经营体系概述

党的十八大报告明确提出，要坚持和完善农村基本经营制度，依法维护农民土地承包经营权、宅基地使用权、集体收益分配权，壮大集体经济实力，发展农民专业合作和村集体经济，培育新型经营主体，发展多种形式规模经营，构建集约化、专业化、组织化、社会化相结合的新型农业经营体系。党的二十大系统阐述了中国式现代化的五个重要特征，将人口规模巨大作为中国式现代化的首要特征，更加突出了现代化过程中"一个都不能少""粮食安全底线""全体人民共同富裕"的辩证唯物思想和历史逻辑。

一、现代农业经营体系的内涵

现代农业经营体系是指大力培育发展现代农业经营主体,逐步形成以家庭承包经营为基础,专业大户、家庭农场、农民合作社、农业产业化龙头企业为骨干,其他组织形式为补充的新型农业经营体系。

对我国来说,现代新型农业经营体系是对农村基本经营制度的丰富和发展。以家庭承包经营为基础、统分结合的双层经营体制,是农村改革过程中反复实践并得到验证的成功经验和重大历史性成果,是广大农民在党的领导下的伟大创造。其符合中国国情和农业生产经营特点,适应社会主义市场经济体制,能极大调动广大人民群众的积极性,充分释放农村发展活力,为改革开放以来我国农业农村发展提供了坚实的制度基础,是中国特色社会主义制度的重要组成部分,必须毫不动摇长期坚持。这一基本经营制度,是在农村改革的伟大实践中形成的,并在农村改革的深化中不断丰富、完善、发展。构建集约化、专业化、组织化、社会化相结合的新型农业经营体系,就是适应现代农业发展需要,着力在"统"和"分"两个层次推进农业经营体制机制创新,加快农业家庭经营向采用先进科技和生产手段的方向转变,增加技术、资本等生产要素投入,着力提高集约化水平、统一经营向发展农户联合与合作转变,形成多元化、多层次、多形式的经营服务体系。

二、现代农业经营体系的意义

新型农业经营体系充分体现了发展现代农业的客观要求。国际经验表明,集约化、规模化、组织化、社会化是现代农业发展的必然趋势。

现代农业要求农业经营要适应市场多变的要求，是面向市场的农业。以农民专业合作社为代表的新型农业经营主体能够提高农业经营的组织化和社会化程度，在传递市场信息、普及生产技术、提供社会服务、引导农业按需生产等方面发挥着重要作用，是实现"小农户"与"大市场"对接的桥梁和纽带，是组织和服务农民的重要组织形式。发展现代农业、实现农业现代化，是我国农业发展的重要目标。构建集约化、专业化、组织化、社会化相结合的新型农业经营体系，使农业经营方式更好体现集约化、规模化、组织化、社会化要求，有利于加快我国现代农业发展、推动农业更好更快实现现代化。新型农业经营体系是应对当前农村劳动力普遍老龄化、农业经营规模小、农业经营方式粗放、组织化程度低、社会化服务体系不健全等突出问题的有效举措。对西北干旱半干旱地区来说，土地产出尚未摆脱"靠天吃饭"的被动局面，务农经济效益难以维系家庭基本开支，致使大量青壮年劳动力外出务工成为常态，耕地撂荒现象十分严重，农村种养已经成为绝大多数家庭的副业。农业后继乏人问题日益凸显，农业兼业化、农民老龄化、农村空心化现象日益严重，今后谁来种地问题十分突出。构建新型农业经营体系，大力培育专业大户、家庭农场、专业合作社等新型农业经营主体，发展多种形式的农业规模经营和社会化服务，有利于化解这些问题和新挑战，保障国家粮食安全和农业持续健康发展。

第二节　现代农业经营体系的理论依据

建立现代农业经营体系，可以追溯到规模经济、比较优势、可持续发展、产业竞争力等相关理论。规模经济理论强调农业经营必须改变单家独户传统农业生产模式，坚持以规模求效益；比较优势理论强调农业经营必须立足当地农业资源禀赋，发展具有比较优势的区域特色农业；可持续发展理论强调农业经营必须摒弃高投入、高污染、高消耗的粗放式发展方式，坚守绿色无污染循环发展理念；产业竞争力理论强调农业发展必须坚持市场导向，持续提高国际竞争力。

一、规模经济理论

规模经济是社会化大生产与市场经济的产物，并随着实践的发展而逐步完善，通常被放到企业（厂商）层面来研究。近代以来，许多经济学家虽然都有过不同程度的论述，但在第二次工业革命发生以前，这些研究都只是初步的。比较全面的分析是从马歇尔（Alfred Marshall）开始的。在马歇尔之后，规模经济理论已经成为西方微观经济理论的重要组成部分。萨缪尔森（Paul A. Samuelson）对规模经济的认识体现在他对"收益递减规律"的总结上，他提出，在其他投入量不变的情况下，在一定的社会生产技术水平下，产量会随着某一生产要素（劳动或者资本）投入量的增加而增加，但是，当投入量达到某一点之后，产出量不会随着投入量的增加而增加，反而会下降。有关规模经济理论主要是研究生产规模变动与其投资效益变动间的相互关系及规律。企业的规模报酬变化可以分为规模报酬递增、规模报酬不变和规模报酬递减三种情况。所谓规模报酬递增，即产出增加的比例大于所投入的各种生产要素增加的比例，意味着产出的单位成本降低，规模报酬递增，亦即意味着生产规模扩大所带来的生产上的经济节约性。

农业的规模经济可以定义为，伴随着农业经营规模扩大而单位农产品平均成本不断降低的一种生产关系。农业规模经济的基础是农业报酬递减和要素的不可分性。农业规模经济学可追溯到古典经济学家关于土地报酬递减的研究。17 世纪著名的经济学家威廉·配第（William Petty）在《政治算术》中就已提出了"报酬递减"的粗略模型。后来的亚当·斯密（Adam Smith）也注意到农业中的报酬递减现象，同时还提出了通过规模收益和分工，可以大大提高劳动生产率。最早全面论述报酬递减规律的经济学家是法国重农学派的代表人物杜尔阁（Anne Robert Jacques Turgot），他从投资和劳动等要素的增减变化分析和描述了报酬变化的规律，还讨论了要素最佳投入量的选择问题，他关于"土地报酬递减规律"的论述实际上已经使用了边际分析方法，并运用了生产函数的概念。在此基础上，随着专业化和分工理论的研究和发展以及数理分析方法的进步和应用，农业规模经济理论得到不断的充实和完善，到目前已发展成为一个比较完整的体系，并形成了众多的流派，诸如"一般农业经济学规模经济论""传统农业经营学规模经济论""农业生产经济学规模经济论""发展经济学农业规模经济论"等。

根据西方经济学理论，规模经济来源于企业内部和外部。因企业经营实体规模扩大而在企业内部产生的效益，称为内部规模经济；各经营企业之间因规模变化而互相影响产生的效益，称为外部规模经济。农业的内部规模经济来源于生产要素的不可分性。首先，是单个生产要素的不可分性，使得大规模生产能够提高生产设备的利用率和使用效率。例如，农业机械必须以一个完整的单位才能进行正常运行，当经营规模较小时，农业机械往往得不到充分的利用，造成利用率低下。同时，土地规模的狭小，也会使农机的无效作业增加，影响其生产效率。规模的扩大，为农业机械更为充分的利用和更高效的利用创造了条件。当然，并不是任何生产要素都是不可分割的。例如，化肥、农药等生产要素的投入是可以分割的。不可分割的生产要素往往是一些固定生产要素，例如，农业机械设备等。因此，农业规模经济表现为固定成本不可分割造成的分摊成本的降低。其次，是各生产要素间相互联系的不可分割性，使得大规模生产更有利于进行分工协作，从而提高劳动效率。农业的外部规模经济包括某企业因其他企业规模变化而获得效益、某企业的发展对其他企业产生的影响效益、市场规模变化而产生的效益等。例如，企业规模扩大后，可以在原材料购买与产品销售上获得有利条件、产出效益，就是一种外部规模经济。

西方农业规模经济理论侧重于微观企业的分析，而且以农业企业的纯收益作为规模经济的唯一判断准则，它是完全适合于市场经济的宏观环境的。事实上，农业规模化经营涉及的问题较为复杂，在考察中国农业规模化经营问题时，不能完全照搬西方农业规模经济理论，而必须立足于我国国情，从我国实际出发，将规模经济理论与我国农村的实践合理地结合起来。

二、比较优势理论

比较优势理论包括传统比较优势理论与新古典比较优势理论。

传统比较优势理论主要包括斯密的绝对优势原理和李嘉图（David Ricardo）的比较优势原理。斯密的"绝对优势原理"认为，各国应参与国际分工并生产和输出具有自己绝对优势的产品，从而得到由自由贸易带来的利益。按绝对优势原理，两国应各自生产占有绝对优势的产品。李嘉图的"比较优势原理"认为，在各种商品的生产都占优势的国家，应集中生产优势相对较大的产品，而在各种商品的生产上都处于劣势的国家，应集中生产劣势相对较小的产品。简而言之，就是各国集中生产优势较大或劣势较小的产品，这样才能在贸易中获得利益。

新古典比较优势理论主要是指要素禀赋理论。20 世纪 30 年代，俄林（Bertil Ohlin）的要素禀赋理论对比较优势理论进行了丰富和发展，把一国生产某种产品的优势，归因于该国拥有丰富的、廉价的资源要素。因为要素禀赋理论与李嘉图的比较优势理论是一致的，故被称为新古典分工理论。但是，由于贸易壁垒、垄断集团、不完全市场等原因，产品或要素的价格不能正确反映国际市场供求的真实情况，导致了贸易模式上的错位。此外，目前的比较优势一般指一国某种产品的相对价格比另一国低，但实际上，一国的比较优势更多地受到贸易条件、相对价格、贸易利益以及供给和需求等因素的影响，而这些影响因素刚好是古典比较优势理论没有涉及的，这就导致古典比较优势理论失去了实践指导意义。

三、可持续农业理论

自 1987 年联合国世界环境与发展委员会正式提出可持续发展的概念以来，可持续农业理念开始被世界各国所认同，其理论研究与实践探索得以迅速发展。

（一）发展可持续农业的历史必然性

发展可持续农业是自然规律的客观要求。人类的出现，使地球上物种之间、生物与环境之间的自然平衡状态被打破，环境的自我修复功能慢慢弱化。长期以来，人类为了生存和发展，创造并不断完善农业子系统，但在这一过程中，不可避免地出现了对自然环境的人为改造和肆意破坏。特别在工业革命以后的 200 多年中，人类为满足不断增长的私欲，大规模、无限制地向大自然劫掠各类资源，结果导致一系列日益严峻的环境问题，使农业子系统不断趋向脆弱化。反复并频繁出现的"天灾"，是大自然向人类发出的警告，如果我们不及时悬崖勒马，将会后患无穷，甚至自取灭亡。

发展可持续农业是历史实践的经验总结。纵观历史，农业的发展大致经历了原始农业、传统农业到现代农业。从刀耕火种的原始农业到自给自足的传统农业，从过分迷信技术力量的现代石油农业，到追求"与自然和谐相处"的有机农业，农业的可持续发展可以说是一个不断否定和肯定、摒弃和吸收的过程，是人类对自然不断再认识、再实践的过程，也是人类不断成熟的过程。通过近 30 年的实践与反思，人类终于悟到了一味地"征服改造"自然会反受自然之力报复的真谛。大规模开荒毁林导致土地退化和沙漠化；化肥的长期使用造成了土壤板结、肥力下降；被称为"白色革命"的塑料地膜已积聚成严重的"白色污染"；等等。这些经验和教训让人们开始寻求农业发展的新方向，走可持续发展之路是在付出一系列沉重代价之后的自我反省。

发展可持续农业是客观现实的迫切需要。人类从游牧转到农耕以来，地球的环境就不断遭到破坏。据联合国估计，因不当的农业生产方式，导致全球 33 亿公顷的牧地和耕地已经不同程度地沙漠化。大规模毁林开荒也破坏了生物的栖息地，造成一些物种的消失。专家警告，如果毁林规模按目前的速度继续下去，那么在今后 100 年中，50%的物种就会完全消失。农业化学物和沉积物对地表、地下水的污染，农药对人类和动物健康的危害，水土流失及相应的土地生产力的降低，以及对非再生资源的过分依赖和农业成本上升等问题，还有相应的环境、经济及社会负效应，都成为困扰农业发展的瓶颈。在此情形下，人们不得不开始为常规农业构建理想的替代模式。

发展可持续农业是人类理性的必然选择。可持续农业思想的出现，一是对石油农业、工业化农业的一种反思，是现代文明进程的必然结果；二是自然环境的威慑之力清醒了人类膨胀的头脑，是人类在"征服自然"的斗争中冷静反思的伟大成果。现在，人们已经清楚地认识到：威胁人类可持续发展的实质是行为主体对自身利益的无节制追求同环境客体的有限性、公共性之间的矛盾，人类若要世代生存下去，就必须放弃"人类中心论"的思想，放弃对地球掠夺式的开发。虽然"环境库兹涅茨曲线"在一定程度上给了人类一种安慰性的解释，但理性使现在任何国家都正致力于避免先破坏、再治理的悲剧重演。

（二）发展可持续农业应遵循的原则

可持续农业的理念已经被普遍认同。但是，如何走可持续发展道路是一个新课题，要做到既满足当前需要，又能兼顾长远利益，实现两者均衡发展，尚无先例可循。经过长期的论证与实践，我们普遍认同可持续发展农业必须遵循以下基本原则。

1. 尊重并顺应自然规律

违背自然规律必将受到大自然加倍的惩罚，甚至要让子孙后代食其恶果。农业是以自然的生命为生产对象，整个农业生态系统的基础是依据有生命的动植物而建立起来的，经济再生产活动的参与并没有也不可能改变农业的自然内核，自然规律对农业生产的制约依旧存在并远远强于对其他产业的影响。人类的劳动力与智力只能在适应自然规律的基础上，在边际上对农业给予适当的改造与强化，而不能随心所欲地改变生态系统的运作方式。因此，我们必须遵从自然规律，以避免与自然对抗而遭受大自然的报复。

2. 力求最优，争取共赢

在可持续农业的研究和实践中也应该遵循"帕累托最优"原则，即使人们行为的收益最大化、各种稀缺资源在可供选择的用途中进行最优配置。这种最大化和最优不仅是当代人的，还包括世代人可持续的获取。因为生存和发展不仅是当代人的权利，也是包括后人在内的全人类共同的权利，所以当代人有义务在自己生存的这一历史过程中，获取收益最大化的同时也使未来世代至少能保持同样的产出，保证"代际间的公平"。因为地球上的各种自然资源都是有限的，我们必须力求使创造的每一份人类福利，消耗尽可能少的再生性资源，以尽可能少的环境资源创造尽可能多的财富和生活质量的增量。也许这种最优不可能真正实现，但必须把它作为一个基本原则和衡量标准。

3. 协调均衡，适宜合理

发展可持续农业要在横向上注意协调均衡，纵向上维持适宜合理。横向上，可持续农业发展要与自然、经济、社会的发展相互协调，均衡发展。在实践中的每一步必须不仅看微观、局部和眼前，更要看宏观、全局和长远。在计算农业生产效率、成本和收益时，必须从比较效益角度考虑。据计算，美国农业目前在生产玉米时与 1945 年相比，仅氮肥一项投入的热量就增加了 20 倍，而玉米的产出仅仅增加了 3 倍。此外，还要计算包括农业生产方式造成的水土流失、环境污染、物种消失等，以及对人类健康和生存的影响和所带来的经济效益或社会效益损失在内的环境成本和社会成本，才能得出实际的收益率。如果顾此失彼，在农业发展的同时，却带来了其他方面的受损和危害，则无异于剜肉补疮。纵向上，要树立科学发展观，合理、适度地调节发展方向和速度，不能超越资源与环境的承载能力，更不能竭泽而渔，要给后人留下赖以生存和发展的基础。在开发、利用和消耗环境资源的同时，应该适当投资于自然资源的保护和改善，对环境资源进行补偿，以扩大资源和环境的支撑能力，从而保持农业生态系统的平衡，保证农业再生产能够持续良性循环，实现自然经济社会复合系统的持续稳定健康发展。

4. 永续发展，生生不息

发展可持续农业的根本目的就是要保持人类能够永续发展，世代繁衍以至生生不息。这是我们的出发点，也是落脚点。人类必须始终站在可持续的高度来审视和把握发展是否偏移或背离目标。可持续强调的是发展的可控性，恩格斯曾经指出：我们对自然界的整个统治，是在于我们比其他一切的动物强，能够认识和正确运用自然规律。人类作为唯一的智能生物，必须充分发挥聪明才智和自身优势，努力探索用持续的方法管理自然资源，以期达到永续利用的目的，不仅为当代人类的生存与发展考虑，而且也为子孙后代的生存与发展着想。

四、产业竞争力理论

20 世纪 80 年代，产业竞争力正式成为经济学术界理论研究的对象。自此，国内外不断有专家学者加入该领域的理论研究工作，研究成果层出不穷，产业竞争力理论日渐丰富。

（一）产业竞争力内涵

产业竞争力，亦称产业国际竞争力，指某国或某一地区的某个特定产业相对于他国或地区同一产业在生产效率、满足市场需求、持续获利等方面所体现的竞争能力。竞争力实质上是一个比较的概念，因此，产业竞争力内涵涉及比较内容和比较范围两个基本方面的问题。具体来说：产业竞争力比较的内容就是产业竞争优势，而产业竞争优势最终体现于产品，企业及产业的市场实现能力，因此产业竞争力的实质是产业的比较生产力。所谓比较生产力，是指企业或产业能够以比其他竞争对手更有效的方式持续生产出消费者愿意接受的产品，并由此而获得满意的经济收益的综合能力。产业竞争力比较的范围是国家或地区，产业竞争力是一个区域的概念。因此，产业竞争力分析应突出影响区域经济发展的各种因素，包括产业集聚、产业转移、区位优势等。

（二）产业竞争力理论基础

任何理论研究都有其理论基础和渊源，产业竞争力理论基础主要有两个：1. 比较优势原理。古典经济学家大卫·李嘉图的比较优势原理指出：商品的相对价格差异即比较优势是国际贸易的基础；特定国家应专注于生产率相对较高的领域的生产，以交换低生产率领域的商品。后来，俄林理论对传统比较优势理论进行了补充，指出国家之间要素禀赋的差异决定着贸易的流动方向。2. 竞争优势原理。波特认为，传统经济理论如比较优势理论、规模经济理论都不能说明产业竞争力的来源，因为"在产业竞争中生产要素非但不再扮演决定性的角色，其价值也在快速消退中""规模经济理论有它的重要性，但该理论并没有回答我们关心的竞争优势问题"。进而他指出，必须采用竞争优势理论来解释产业竞争力问题。竞争优势有别于比较优势，它是指各国或各地区相同产业在同一国际竞争环境下所表现出来的不同的市场竞争能力，尽管比较优势和竞争优势是存在区别的一组概念，但两者都是产业竞争力形成的基础。两者的区别是：比较优势强调同一国家不同产业间的比较关系，而竞争优势强调不同国家同一产业间的比较关系。前者强调各国产业发展的潜在可能性，后者则强调各国产业发展的现实态势。与区别相比，两者之间的联系更为重要：一国一旦发生对外经济关系，比较优势与竞争优势会同时发生作用；一国具有比较优势的产业往往易于形成较强的国际竞争优势；一国产业的比较优势要通过竞争优势才能体现。因此，比较优势是产业竞争力的基础性决定因素，而竞争优势是直接作用因素。比较优势是产业国际分工的基础，也是竞争优势形成的基础，但比较优势原理却不能直接用来解释产业竞争力水平的高低，而竞争优势原理作为一种研究思路和分析方法可直接用于解释产业竞争力的形成机理。

（三）产业竞争力成因理论

1. "钻石模型"理论

Porter 对多个国家、多个产业的竞争力进行深入研究后认为，产业竞争力是由生产要素，国内市场需求，相关与支持性产业，企业战略、企业结构和同业竞争四个主要因素，以及政府行为、机遇两个辅助因素共同作用而形成的。其中，前四个因素是产业竞争力的主要影响因素，构成"钻石模型"的主体框架。

Porter 的"钻石模型"构筑了全新的竞争力研究体系，提出的竞争优势理论包含了比较优势原理，并大大超出了后者的解释范围，对产业竞争力的形成机理做出了较为合理的解释。这种解释是最基本的、定性的，为产业竞争力的研究提供了一个比较完整的分析框架，为进一步的理论研究提供了坚实的基础。

2. 竞争力过程理论

国际竞争力是竞争力资产与竞争力过程的统一。用公式表示就是：国际竞争力＝竞争力资产×竞争力过程。所谓资产是指固有的（如自然资源）或创造的（如基础设施）资产；所谓过程是指将资产转化为经济结果（如通过制造），然后通过国际化（在国际市场衡量的结果）产生国际竞争力。中国学者在此基础上加以改造，提出相应的产业竞争力分析模型，即产业竞争力＝竞争力资产×竞争力环境×竞争力过程。该理论指出：产业竞争力是三个因素的整合统一体；产业竞争力的形成是一个动态过程；产业竞争力资产包括硬资产和软资产。单纯依赖硬资产的国家可能富有，却不具备竞争力；而硬资产匮乏的国家，可以通过强化软资产来获得竞争力。

（四）产业竞争力发展阶段理论

从产业发展的角度来讲，产业竞争力成因理论和产业竞争力过程理论都是静态的产业竞争力理论，截取产业发展的某个横断面作为研究对象。动态的产业竞争力理论应以产业发展为研究对象，研究产业发展各阶段的竞争力特性，其典型代表为产业生命周期理论。生命周期理论将产业发展分为形成期、成长期、成熟期和衰退期四个阶段。不同的发展阶段具有不同的特征。结合产业生命周期理论，波特总结出产业竞争力发展的"四阶段理论"，即要素驱动阶段、投资驱动阶段、创新驱动阶段和财富驱动阶段。四个阶段是依次递进的，也可能发生折返。前三个阶段是产业竞争力的上升阶段，第四个阶段则是产业竞争力的下降阶段。要素驱动阶段，竞争优势得益于某些基本的生产要素，如丰富的自然资源、廉价的劳动力等；投资驱动阶段，竞争优势是以国家及企业的积极投资意愿和能力为基础的，企业具有吸收和改进外国技术的能力；创新驱动阶段，民族企业能在广泛领域成功地进行竞争，并实现不断的技术升级，技术创新成为产业国际竞争力提高的主要驱动力；财富驱动阶段，经济运行的驱动力是已经获得的财富，投资者的目标从资本积累转变为资本保值，实业投资转为金融投资。经过前三个发展阶段的积累，国民财富集聚，创业精神下降，主要产业处于衰落之中，产业竞争力下滑。

第三节　国外现代农业经营体系实践与经验

发达国家在农业经营体系建设中的实践经验，为我国实施农业现代化建设积累了丰富案例。收集、整理、总结发达国家农业产业体系建设案例与成功经验，有利于我们在现代农业经营体系建设中少走弯路，扬长避短，查缺补漏，不断进步。

一、国外现代农业经营体系的实践

（一）美国现代农业经营体系

美国拥有世界上最发达的农业，是现代农业的发祥地。纵观美国现代农业发展历程，美国现代农业经营的基本模式包括纵向一体化、横向一体化、市场主导型三种类型。所谓纵向一体化，就是由一个企业完成农产品的种养加及销售全过程，其比较完整的形态最先出现于20世纪50年代的养鸡业。当时有关肉鸡的饲养、加工和销售的市场体系还未建立，工厂化饲养、屠宰加工、销售等专业分工也未形成，企业只能自我完成从生产到销售的全过程。这类"纵向一体化"在美国出现后，欧洲也随之兴起（合作社的形式），后来传播到亚洲，在泰国演变为正大公司的模式。横向一体化不同于纵向一体化，强调在农产品的生产、加工、销售等每一环节，通过签订、履行合同，实施一体化经营，以减少同类业务之间恶意竞争和实现同类企业合作共赢为目的，实现了企业之间的平衡发展，提高了企业的专业化水平，也降低了企业的运营成本，但只适用于产销关系稳定、批量大、变化小、合同履行时间长的产品和产业，缺点是容易形成垄断而忽视竞争。我国的"订单农业"与这类经营模式非常相似。市场主导型农业就是不同的企业各自根据市场价格"信号"分别进行生产、加工和销售等。这类经营方式在美国目前仍占主导地位。因为它可以保证生产、加工和销售各环节的充分竞争，发挥市场对企业或对产业体系的纠错功能，提高其竞争力，化解各类经营风险，类似我国的"专业市场+农户"的经营方式。可以说高度发达的市场农业促进了美国农业资源的优化配置和产业化组织的不断创新与整合，促进了美国现代农业经营方式的产生、发展和高效运转，从而形成了高度发达的现代农业体系，有力地推动了农业富有竞争力的发展。

（二）法国现代农业经营体系

法国也是农业十分发达的国家，农产品非常丰富，是世界上非常重要的加工食品的出口国。现代农业经营的模式基本上与美国和其他欧洲国家大同小异。种类丰富、功能齐全、遍及全国的农民专业合作社，如生产合作社、购销服务合作社、科技服务合作社、信贷合作社、经营管理服务合作社等，在引导生产、组织加工、促进销售、协调政企民关系、维护社员利益、参与国际竞争、为农业提供全程社会服务方面，发挥了极其重要的作用。据考证，世界上最早的农业合作社就产生在法国，仅1848年就有170个农业合作社。二战后法国发达的农业合作社，成为现代农业最重要的组成部分。即使进入21世纪，法国80%的农场都加入了农业流通合作社。可以说，法国发达的市场中介组织很好地发挥了农户与市场之间的桥梁作用，所以整个法国的现代农业就非常富有活力和竞争力。

（三）日本现代农业经营体系

依托资源禀赋、面向国内国际市场、着力发展农协组织、注重农工商合作，日本走出了一条独具特色的现代农业经营道路。总体上看，可以概括为以下四种类型。1. "农户生产基地+城镇消费市场"型，生产者采用直销方式与消费者直接见面，减少中间环节，节约交易费用，这一形式在城镇郊区较为普遍。2. "农户生产基地+经销商或农协组织或零售商"型，这种形式是生产者负责生产，经销商或农协负责种子、肥料、农药等生产资料的采购和田间技术指导，同时负责收购产品，再批发给零售商销售，这一形式在山区农村比较多见。3. "农户生产基地+加工企业+经销商"型，这种形式以农产品精深加工为主，生产基地农户获利较少，加工企业和经销商获利较多。4. "农户生产基地+城市居民"型，又称为"旅游农业"，即政府和农户通过各种宣传形式吸引城市居民到农户生产基地体验农村生活、享受田园风光，进行直接消费。需要强调的是使日本战后农业能够得到迅速恢复和高速发展的，并且在现代农业中发挥关键性作用的还是覆盖整个日本农村和农业生产各个领域的、吸引几乎所有农户参加的农协（集生产、销售、融资为一体的农业合作社）。由于日本农协奉行对外以维护农民利益、追求经济效益最大化为目标，对内以千方百计为农户提供最佳服务为宗旨，深得广大农民的信赖和支持，并且一开始就进行市场化运作，逐步形成了利益共享、风险共担的利益分配机制。因此，农协在日本现代农业中发挥着巨大的作用。据统计，日本农民生产的农副产品80%以上是由农协贩卖的，90%以上的农业生产资料是由农协提供的。

（四）荷兰现代农业经营体系

荷兰是世界农产品出口的主要国家之一，现代农业经营独具特色。经营的基本模式主要有三种。1. "市场+农户"型，这是荷兰现代农业经营的重要形式，具体又有享誉国内外的"拍卖市场"与农户连接和超级市场与农户连接两种模式。拍卖是荷兰农产品一级市场交易的主要方式，有利于形成合理的、真实的市场价格，有助于调节市场供求、实现资源配置的优化，等等。据统计，荷兰95%的花卉和80%以上的蔬菜、水果是通过拍卖市场销售的，马铃薯、水产品等也大都通过拍卖市场来销售。2. "合作社+农户"型，合作社（独立于政府）在荷兰十分发达，不仅存在于农业生产领域，而且广泛存在于农产品加工、销售贸易和农业信贷、农业生产资料供应等领域。如3个奶类合作社的经营额就占领了全国80%的牛奶供销市场，1个马铃薯合作社占领了全国100%的市场。3. "企业+农户"型。在这种形式中，一些大的农产品加工企业或贸易企业直接与农户连接，进行农产品生产加工和销售的一体化经营。由于大多企业的货源都能从拍卖行获得，所以这一模式为非主流模式。如果要总结荷兰现代农业，突出的一点就是完善的市场体系加发达的产业化组织，促进了它的蓬勃发展。

二、国外现代农业经营体系建设经验

（一）现代农业必须尊重市场规律

发达国家的现代农业是完全根植于其上百年的市场经济发展基础上的。我国现代农业经营的产生和发展也不例外，是传统农业产业随时间推移不断发展演化，生产要素在农业和农业关联产业之间不断流动和重新组合的结果，也是农业内部不断细化分工，新产业、新业态不断成长发育的必然产物，更是诱致性制度变迁和市场发展的必然选择，有其自然发展的规律性。

（二）现代农业必须适度规模经营

农村是发展现代农业的基础平台。所以世界各国在现代农业发展过程中都尽可能把农业的产前、产后部门建在农村，在村部建立一体化组织或合作社。这样做的好处是可以近距离地组织农业生产，培养职业农民，起到示范、带动、引领作用，促进产、供、销更加协调地发展，有利于农业生产的科学化、标准化、规范化，也非常有利于农村文明与城市文明的顺利对接，促进城市化发展。

（三）现代农业必须持续优化农业生产结构

农业生产结构的市场导向性调整，促进了生产源与人要素的分化和集中，并最终形成专业化分工和集约化经营。例如，在市场需求拉动下，西方发达国家都强调建立以畜牧业特别是奶牛饲养业为主的生产结构，由于饲养业的产业关联效应较强，从而有力地带动了种植业和食品加工业的发展，并使食品加工业分化为现代农业中一个非常重要的部门。

（四）现代农业必须坚持政府引领

各国现代农业发展的经验充分表明，政府虽然不能代替市场，但作用仍然是巨大的。一是它可以通过政策制定和实施鼓励民间剩余资本，特别是城市剩余资本投资农业和农村，发展现代农业经营。二是通过制定法规，加速农业土地集中，为农业专业化、规模化生产，产业化发展奠定基础。如法国以《农业法》的立法形式规定，以奖励津贴办法，对老年农民发放养老金、预备年金，并以高价收购等方式鼓励中小农户出卖自己的土地，加快农业土地的集中。三是积极引导和鼓励发展各种形式的农民合作组织，并给予各种政策优惠，促进其发展壮大。四是通过税收优惠政策，促进现代农业发展。在许多发达国家，家庭农场加盟一体化的公司，一般可以得到公司在社会安全失业保险等方面的减免税收。五是通过重视农业教育、科研和推广工作，为现代农业持续发展奠定良好基础。

（五）现代农业必须持续推进制度创新

一是提高政府制度创新能力。改善目前不协调的制度结构，提高制度的服务效率。加快产权制度的改革和现代企业制度建设步伐，完善家庭联产承包责任制和农村土地产权制度，使市场主体真正独立。实施城乡经济社会统筹发展战略，逐步消除城乡之间的制度差别，形成统一开放、竞争有序的市场体系。二是加强现代农业经营组织载体制度创新。因为现代农业本质上就是把农业再生产过程从单纯的原料生产环节"延伸"到加工、流通环节，以此来提高农产品的边际效益，完善现代农业中的制度建设，就必然要鼓励现代农业组织载体的制度创新。三要抓好利益分配机制、风险分担机制和利益表达机制，其中利益表达机制是核心，通过公司与农户协商，建立企业与农户定期对话、随机交易、相互参股、契约联结、中介组织联结等多种灵活多样的方式，提高利益共同体的紧密程度。

（六）现代农业必须依靠科技支撑

大力推进科技进步是提高现代农业经营水平的重要途径。在发展现代农业过程中，要把科技进步放在重要位置，充分利用现有科技力量和科技成果，不断开发、引进新成果，广泛应用于现代农业链条的各个环节，重点是提高农产品生产和加工企业的科技水平，提高农产品及加工品的科技含量，提高其市场竞争力。一是科研合作。要加强与科研机构、高等院校的合作，建立产学研共同体。二是完善体系。要大力推广农科教一体的新型农业科技体系，进一步完善市、镇、村三级农科推广体系的网络建设。三是体制改革。要大力提高科技人员的待遇，充分调动广大科技工作者的积极性。

第四节 西北现代农业经营体系评析

西北地区由于地域广阔，海拔垂直差异大，气候季节性变化明显，昼夜温差大，动植物品种繁多，农产品种类丰富多样。无论是蔬菜水果，还是家禽海鲜，在日光温室、塑料大棚等高端智能化设施设备的加持下，南方能够种植或养殖培育的，在西北地区总是有那么一些地方可以推广。随着西北现代农业步伐的加快，农业和农村经济发展取得了很大成绩，出现了一批区域性农业龙头企业，创新了农业经营模式，形成了一定的特色，带动了区域经济发展与乡村振兴。但与国内外一些起步较早的地区相比，尚存在一定的差距。

一、西北现代农业经营体系成功经验

（一）形成了一定的规模经济

开展农产品精深加工，建立具有较强实力的农产品加工龙头企业，为提高农产品附加值，提升农业竞争力，增加农民收入，发展现代农业提供了重要的前提条件。随着农村土地制度改革的不断深化与完善，农村土地承包经营权流转呈现出大规模、高频率、规范化、社会化特征，一定程度上带动了各地农业生产加工、销售物流、物资供应、育苗育种、培训教育、信息咨询等企业规模化、专业化发展，培育和引进了一批在区域性的种养加、技工贸农业龙头企业，为进一步扩大农业生产规模、提高农业科技含量奠定了基础。另外，随着近年来乡村振兴国家战略的深入实施，农民合作经济组织得到快速发展，农业组织化程度得到较大提高，有效解决了小生产和大市场的矛盾。而且随着信息网络在农村的普及推广乃至全面覆盖，电商平台已不是城市的专利，越来越多的农民能够熟练应用抖音、快手、微信等现代主流媒体平台发布各类在线信息或作品，这为广大农户提高组织化程度、及时了解市场信息提供了便利，也为农业规模化、专业化奠定了坚实的基础。

（二）充分发挥政府的支持作用

发展现代农业，尤其是建立农民经济合作组织，离不开政府的大力支持。长期以来，基层政府为了政绩和自身利益，越俎代庖、包办替代、强迫农民等现象时有发生，而农民需要的服务却往往不能兑现，权力经常越位，服务经常缺位。自全面实施脱贫攻坚战以来，党中央、国务院及各省党政部门准确定位政府宏观调控、组织协调、引导服务职能，积极引导群众参与脱贫攻坚及乡村振兴战略，通过舆论引导、宣传教育、典型示范，为农民提供宽松的土地、资金、技术等外部环境，帮助农民设计完善合作组织制度安排，建立起了真正代表农民利益的合作组织，受到了农民的衷心欢迎。

（三）加强了分工协作

经济学家亚当·斯密在其所著《国富论》中以制针为例生动地描述了分工协作所带来的劳动生产率的大幅提高。目前我国农业劳动生产率十分低下的原因在于分工协作水平不高。现代农业就是要利用分工合作的方式把分散的农民组织起来，形成种养加、农工商、产供销一条龙的生产经营方式，宜农则农、宜工则工、宜商则商，实现规模经营，大幅度提高劳动生产率。但由于我国大部分地方农民小农意识还比较严重，市场意识不强，协作精神欠缺，组合化程度仍然较低，亟须各级政府积极引导协助，使其能以分工协作的方式参加社会化的大生产，提高经营的效率。

二、西北现代农业经营体系提质增效建议

（一）大力发展农民合作经济组织

1. 发展农民合作经济组织的必要性

20世纪70年代末以来，我国农村改革获得了极大的成功，为社会主义市场经济的改革和发展创造了良好的条件。但目前农业和农村的发展又出现了新的形势和问题，集中体现为市场主体普遍弱小、农民收入增长缺乏后劲、农民互助性组织匮乏、农村公共服务不足等。怎样使分散的小农户获得更加精准的市场信息，实现小农生产与大市场有效对接，使农民有足够充分的信息应对大市场、大资本的冲击？这就要求农民加入运营成本低且高效的组织，以便其为农民提供种养加、技工贸、供产销等全方位服务。培育和发展农民合作经济组织，为解决这些问题提供了一个有效的途径，具有极其重要的现实意义。

在市场经济条件下，政府有很多管不好、也不该管的地方，需要转变管理方式。在政府与农民之间，应该有一个非政府组织或民间组织，来进行自我协调、管理和服务。我国目前有近 2 亿农民依然生活在农村，并以从事农业生产或相关的农业生产经营为主业，不可能让这些小农户都独立地去角逐市场、承受风险，因此农村市场主体的建设是其中的关键。农户围绕发展专业化生产，开展多种形式的联合和合作，形成规模效益，符合农业发展的内在要求，也符合广大农民的内在需求。

随着农业生产技术的快速发展和市场化改革后所面临的形势，农民千家万户的小生产与千变万化的大市场难以对接，满足不了现代农业发展的需求。近年来，国家积极支持了农业龙头企业的发展，取得了一定的积极效果。但企业以盈利为目标，在与农民发展经济关系的产业链中既合作又竞争，尚需进一步完善保护农民增收、构建有利于农业发展的长效机制。因此，在现代农业经营中，通过发展农民新型合作经济组织，构建龙头企业和农户的联系桥梁，不仅能较好地填充现代农业经营的组织"断层"，还可以有效地协调公司企业与农户之间的利益关系，降低龙头企业与广大农户的交易成本，从而实现公司企业与农户利益的"双赢"，实现农业现代化，促进农业经济稳定而持续地增长。

农民合作经济组织的一个重要功能是通过集体采购和包销产品及服务，为农民提供"交货权"和公共服务，这就提供了分散生产经营风险和保护利益的工具。在激烈的市场竞争中，市场供需形势千变万化，经常会出现买难、卖难和价格波动等现象，这对小农来说是难以承受的。而合作经济组织的组建使分散的农民在保持产权独立的前提下组织起来，成为团队，形成与中间商和企业主抗衡的力量，在贸易上增强了谈判地位和利益保护能力。合作经济组织通过产前、产中、产后各环节的联合，使农民可能分享到加工和销售环节的利润，增加收入。

在经济全球化的时代，面临日趋激烈的国内外市场，要使我国分散的、小规模经营的农产品有能力与国外的大合作社、大集团进行竞争，必须加快培育和发展农民合作经济组织。从世界各国经验来看，各类合作组织是世界各国农民最普遍、最受欢迎的组织方式，也是政府有关部门在国际农产品贸易谈判中的重要依靠力量。农产品通过合作社集中加工、贮运、销售，不仅把增值的加工、销售利润给了农民，提高了农业自身的经济效益，而且使农场生产与大市场有机联结起来，大大提高了农民在市场经营中的谈判地位和竞争能力。根据 WTO 规则，各国政府宏观调控手段要实现与国际接轨，可调控的内容集中于"绿箱政策""黄箱政策"等方面。与此相适应，也必须具有与政府宏观调控相对应的组织工具，否则就会陷入被动。按照国际通行的做法，今后我国对农业的支持保护政策理应更多地通过合作经济组织加以实施。此外，农民自己的合作经济组织也是政府与国外进行农产品贸易谈判时持有的一个极具分量的筹码。在国际农产品贸易纠纷中，代表农民进行谈判的，往往不是外国政府，而是农民自己的组织。近两年，面对国际贸易纠纷，我们就因为缺少一个对等谈判的主体——农民自己的合作经济组织，而经常处于被动地位。

2. 发展农民合作经济组织的基本策略

（1）政府支持政策明晰化、具体化

近年来，为了支持农民合作组织的发展，政府陆续出台了一些扶持和优惠政策，从登记、财政、税收、金融、用地、运输等不同方面给予了农民合作组织一些支持政策。政府支持政策明晰化、具体化成为当务之急。农民合作组织依然存在登记门槛、资金、公共服务、技术供给等方面的问题。国务院农业、民政、工商、科协、全国供销合作总社等部门都参与农民合作经济组织的管理。农业部门从农业产业化的角度对农村合作经济组织进行指导；民政部门从社团登记、社团管理角度进行管理；工商部门从经营的角度对合作经济组织进行管理；科协从技术角度对一些协会实现归口管理；中华全国供销合作总社负责全国供销合作社的管理和发展，代表中国合作社参与国际合作社联盟的各项活动。

（2）发挥农民自身的主体能动作用

部分农民合作组织主要依靠政府或龙头企业组织、投资，对政府或龙头企业部门的依赖性强。一旦失去政府或龙头企业的支持，合作组织就面临解散的危险。对政府或龙头企业的过度依赖影响了合作组织的可持续发展。家庭农场生产与大市场有机地联结起来，大大提高了农民在市场经营中的谈判地位和竞争能力。根据 WTO 规则，各国政府宏观调控手段要实现与国际接轨，可调控的内容集中于"绿箱政策""黄箱政策"等方面。与此相适应，也必须具有与政府宏观调控相对应的组织工具，否则就会陷入被动。按照国际通行的做法，今后我国对农业的支持保护政策理应更多地通过合作经济组织加以实施。此外，农民自己的合作经济组织也是政府与国外进行农产品贸易谈判时持有的一个极具分量的筹码。

（二）培育壮大龙头企业

龙头企业是指以农产品生产、加工、流通和农业服务为主，并与农民结为利益共同体，能够带动农民发展商品生产的企业或企业集团。龙头企业可以是加工企业也可以是流通企业等。龙头企业具有引领市场需求、引导生产研发、实现精深加工、拓展服务功能的重要作用，是带动农业发展的"火车头"，推进现代农业离不开龙头企业的带动。实践证明，凡是现代农业经营搞得好的地方，都非常重视龙头企业的建设，龙头企业在现代农业经营中发挥着举足轻重的作用。因此，必须大力培育和发展农业龙头企业。

1. 科学规划，高标准培育和发展龙头企业

扶持龙头企业就是扶持农民，也是解决"三农"问题、增加农民收入的重要途径。发展龙头企业要认真考虑各地的自然条件、产业特点、经济基础、技术条件等因素，一切从实际出发，决不能人云亦云，盲目跟从。对基础好、发育比较完善、具有一定规模的龙头企业，要鼓励引导它们上规模、上档次，提高国内市场的覆盖率，积极拓展国外市场；对已具雏形的龙头企业，要加以重点培育扶持，引导其向比较规范的龙头企业方向发展和完善；对规模较小、技术水平较低的作坊型农产品加工企业要有目的地加以引导，积极创造条件，争取在农业龙头企业中占有一席之地。在培育和发展龙头企业时应把握好以下原则：一是市场导向原则。根据市场需求，确立主导产业，扶持龙头企业。二是科技支撑原则。把科技进步和创新贯穿于现代农业的各个环节，以农产品标准化生产为基础，形成有利于研究开发、成果转化、推广的新机制。三是扶优、扶强、扶大的原则。重点支持机制好，产品竞争力强，为农民提供系列服务，与农户利益关系稳定密切、带动面广、出口创汇多、采用新技术的龙头企业。四是坚持比较优势的原则，即突出地域特色的原则。充分考虑不同地区、不同产业、不同发展阶段的特点和实际，注重开发优势产业、促进区域经济发展。五是坚持可持续发展的原则。在培育和发展龙头企业时，要注重合理开发、利用资源，保护和建设良好的生态环境。

2. 创新机制，提高龙头企业的综合竞争力

一是要创新产权机制。要按照"产权清晰、权责明确、政企分开、管理科学"的要求，深化产权制度改革，完善法人治理结构和内部激

励、约束机制，使龙头企业真正拥有对总资产的优化处置和组合权力，以达到资金增值和扩充的目的。要坚持"有进有退"的原则，实行国有资产改制和职工身份置换，加快股份制、股份合作制改造。通过资产重组，集中优势，搞好重点龙头企业的组建和规范运作，使其真正成为"加工的龙头、市场的中介、服务的中心"。二是要创新科技机制。科技创新是企业创新的核心，龙头企业要在激烈的市场竞争中维持和发展，关键在于如何实施科技创新。除国家重点龙头企业外，西北地区的大多数本土龙头企业没有设立独立的研发部门，龙头企业的创新投入严重不足。龙头企业要高度重视标准化生产，树立质量第一的观念，加大科技创新的投入力度，要在关键技术攻关和成果转化上有新突破，不断开发具有自主知识产权的新产品，使更多的新成果、新技术尽快转化为现实生产力。要注意追踪世界农产品的生产、加工的高新技术，通过开发、引进，加强技术改造、推进产品的深度开发，提高产品的科技含量。三是要创新人才机制。随着市场经济的发展，特别是进入知识经济时代，国家间的竞争、企业间的竞争，归根结底是对人才资源的竞争。现在龙头企业面临的不仅是更加严酷的市场竞争环境，还有来自高素质人才资源的挑战，从目前龙头企业发展的现状来看，懂得国际贸易知识及熟悉 WTO 游戏规则的人才奇缺。龙头企业需要培养和引进专业化的企业管理人才，公平公开选拔企业管理人员、加大智力资本投入，积极形成人才开发管理与人才成长机制，最终达到人才资源的最优配置。四是要创新管理机制。龙头企业要采用现代管理技术和方法，努力开拓国内国外两个市场，不断提高企业的科学管理水平和经营管理效率、健全和完善各项规章制度，逐步把龙头企业建设成管理水平先进的现代企业。

3. 强化联结，健全龙头企业与农户利益均衡机制

龙头企业与农户的利益问题是现代农业经营中最大的难点，也是至

今尚未根本解决的问题。目前二者关系主要有三种形式：一是企业与农户直接签订合同、协议，在原料供应、资金、技术服务、产品收购及保护价等方面达成契约。二是农民以土地等生产资料入股，与龙头企业按股份制成股份合作制等形式，建立产权纽带关系。三是农户加入有关专业农协等经济合作组织，企业通过这些中介组织与农户发生经济关系。其中以第一种形式最为普遍。目前虽然部分龙头企业通过签订契约、入股合作等形式，与农户初步建立起了"风险共担、利益共享"的机制，但多数情况是龙头企业发展波动大，无法与农户形成相对稳定的产品供需关系。因为农户与龙头企业之间只是一种买卖关系，而且龙头企业处于优势的让利地位，一旦农产品市场出现供过于求的情况，必将以企业违约而告终。把企业与农户构建成利益共同体，其出发点，既不是龙头企业对农户的恩赐、让利，也不是龙头企业对农户一方的降价，而是要从保护农民利益出发，建立一种互为唇齿、互相促进的平等互利关系。要坚持自愿互利、利益均沾、风险共担的原则，把企业与农户看成平等的利益主体，尊重产业化内部产加销各环节的经营自主权。通过政府补一点、龙头企业拿一点、从基地农户的销售收入中提一点等集资渠道，建立现代农业经营专项基金和风险基金，调节市场和自然灾害双重风险对农民利益和龙头企业利益的冲击，搞好自我保护。要利用合同契约或股份合作章程等方式，明确产、加、销各方的权利义务，规范"订单"农业，提高农业"订单"履约率。进一步完善"龙头企业+合作组织+农户"和"农产品行业协会+龙头企业+合作组织+农户"等形式，积极探索适合不同产业、不同产品内在发展要求的利益联结方式，促进现代农业经营的可持续发展。

4. 政策引导，创造龙头企业发展的良好环境

在推进现代农业的进程中，政府扮演着支持者、调控者和服务者的多重角色，对于龙头企业的培育与发展，起着支持、引导和服务的作

用。政府应努力为龙头企业的发展提供支持和服务，营造一个公平竞争的市场环境。一方面，政府要加强对龙头企业的引导，促使龙头企业沿着正确的方向发展，始终坚持为农民服务、与农民共同发展的思想不动摇；另一方面，政府要加大政策扶持力度，重点扶持一批发展潜力大、综合实力强、市场前景好、现代企业制度健全的龙头企业，在政策上给予倾斜，促进其做大做强。一是加大资金扶持力度。财政安排用于现代农业经营资金，应主要用于重点龙头企业贷款贴息，或企业招商引资项目的配套资金。各级各类农业项目资金在不改变资金监管部门和资金使用性质的前提下，捆绑使用，尽可能与扶持龙头企业结合起来。二是改善金融信贷服务。政府可以考虑成立农业龙头企业信用担保机构，帮助金融机构降低贷款风险，解决龙头企业贷款担保难的问题。三是拓宽资金筹集渠道。要千方百计扩大农业对外开放、招商引资的力度，以优惠政策和灵活的方法，扩大企业融资渠道，实现资金筹措社会化和市场化。同时应鼓励和支持符合条件的龙头企业发行股票和企业债券，通过资本市场筹集企业发展所需的资金。四是灵活运用土地政策。在坚持依法、有偿、自愿的原则下，通过租赁承包、委托经营、土地入股等形式推进土地使用权流转，促进土地资源向龙头企业集中，不断扩大生产经营规模，为农业现代化发展提供保障。

（三）健全农业科技服务体系

科技是第一生产力。我国已经进入全面建设小康社会的新阶段，发展现代农业、推进农业的产业化经营、走农村新型工业化道路、促进农村经济结构的战略性调整、统筹城乡经济社会协调发展、增加农民收入、转移农村富余劳动力成为解决好"三农"问题、推进农村小康建设的必然要求。健全的农村科技服务体系是农村经济现代化的重要标志，是农村社会化服务体系建设的重要内容，是国家创新体系建设的重要组成部分。随着农业内涵的不断发展延伸，农业和农村经济进入了一个新的阶段，原有基层农技服务部门在技术、机制等方面存在的问题逐渐显露出来。创新服务体系、拓宽服务领域、强化服务职能是新形势下农业科技服务部门的必然选择，也是广大农民的迫切要求。

1. 继续发挥政府型农业技术推广组织的主导职能

以政府为主体的农业技术推广机构，包括各级政府所属的农技推广站，属于事业单位和非营利性组织。其主要职能是将各级科研院所和高等院校的农业科研成果和先进技术普及到农民中去，促进农业生产的发展以增加农业的产出。这类组织的投资主体是中央政府和各级地方政府，所推广的农业技术在一定程度上体现了政府的意志。推广成本中大部分由财政拨款支付、小部分成本由技术承包和低价的技术咨询服务费来弥补。基层农业技术推广站一方面作为政府农业技术政策的终极实施者，扮演着政府的职能；另一方面连接农业生产者与科研机构，在一定程度上扮演着中介组织的角色。所推广的大多为有关种植业的技术，具有较为明显的外部性。与营利性技术推广组织在职能上属于非竞争性关系。

2. 鼓励发展企业型的农业技术推广组织

它是以企业为主的农业科技推广组织（如龙头企业和企业化的农业科研机构），其农业技术推广过程的一端是企业化的科研机构和龙头企业，另一端是农业生产者，连接他们之间的纽带是"契约"。这种契约化的农业推广形式，将农业企业和科研机构通过市场机制把分散的农户联合起来，共同抵御技术推广过程中的风险，分享农业科技成果产业化的利益。农业龙头企业和企业型科研机构是技术的供给方，它通过向农户转让实用的新技术来保证合同的实现。这类推广组织以追求利润为目标，推广农业技术只是为了保证其企业经营目标的实现，所推广的技术主要是用于附加值高和需求弹性较大的农产品，如养殖业和园艺类产品等。这类技术在应用时不易被旁人"观察"到，具有相当程度的私人物品的特性，保密性较好，不存在明显的外部性问题的困扰，能够保证技术购买方所预期的技术收益。

3. 积极支持农村专业技术协会的建设

农村实行农户承包经营责任制以来，政府型农业技术推广机构的功能出现了弱化趋势，企业化的推广组织又因技术市场不完善而发育滞后，这两类推广组织都无法满足农户多样化的需求。农村专业技术协会是以农民为主体的自愿互利组织，进出自由，实行自治管理，吸收部分科技人员作为顾问，以农民技术人员为骨干，主动寻求、积极采用新技术、新品种，谋求高收益的经营组织。由于其不断引进、开发新技术和快速而有效扩散技术的运行机制，适应众多农户的要求，加快了利用现代技术改造传统农业的步伐，成为前两种农业技术推广组织功能的重要补充。

4. 高度重视高校和科研院所的科技服务

农业科研部门、教学单位，为了将自己的科研成果尽快转换为现实的生产力，主动投身到农业生产的主战场，为经济建设服务。有的与地方政府或农村合作组织、农协通过合同或协议的方式，建立比较稳固的关系，进行成果转让、技术承包、技术开发、科技示范等活动；有的直接将农业应用技术研究中的科技成果物化为实物，通过科技市场流通过程，运用价值规律和市场调节机制，将农业科技成果从农业科研教学单位带到农户中；有的与产业主体联合，解决理论和关键技术问题。农业高校、科研院所在完成教学与科研任务的同时，承担公益性农业科技推广与服务任务，能够充分发挥农业高校、科研院所的科技优势和人才优势，将科技创新与科技推广结合在一起，从而为农业和农村经济发展提供强有力的技术支撑。

（四）建立现代农业的金融支持体系

从制度变迁的角度来看，现代农业的金融支持体系应是政府主导下的强制性制度变迁。作为一个历史时期过渡性的、支持性的金融制度应是多层次，多元化金融机构有序运行的一系列正式和非正式规则的总和。构造现代农业的金融支持体系，从全局的角度来看，经济中的各个主体（政府、金融机构、各经济主体）都要积极参与，为支持性金融制度的形成做出贡献。

任何政策的制定都必须立足当前的形势和任务。金融支持体系的生成，需要国家从政策方面解决如下问题：1. 如何保证政策性金融资金有效地发挥稳定、长期的支农作用；2. 如何发挥中国农业银行、中国农业发展银行等金融机构助农融资的作用；3. 如何利用资本市场资金为现代农业融通资金；4. 如何促成各类商业保险公司创新农业保险类型，降低农业经营主体经营风险；5. 如何改造农村合作金融，使之真正成为农民群众互助合作的金融组织。为解决上述问题，应制定有关政策保障农村经济的长期发展，这些政策应包括：第一，支持性金融政策。以利息补贴、政府担保等方式支持金融机构对农业贷款，为发行债券融通资金的农村金融机构提供担保，对股份公司性质的龙头企业所发行的股票、债券进入金融市场提供政策性的优惠和方便。第二，支持性财政政策。对经营农村金融业务的金融机构尽可能地减免税收，刺激其经营积极性。第三，其他支持性的辅助政策。如改变农业生产规模狭小的农业结构政策、有选择地扩大农业生产的生产政策等。通过这些优惠政策提高农业生产率，提高农民组织化程度，间接为金融支持体系的生成创造条件。

著名经济学家米勒（Merton H. Miller）说过：中国需要的不是更多的经济学，而是更多的法律。法律制度是最强硬的制度，农村金融支持体系的生成需要法律来保驾护航。由于诸多原因，我国的农业法律不健全，而现代农业经营涉及生产、流通、消费、金融、保险、外贸、科技推广等各个领域。因此，必须用法律法规的形式确立各类组织的地位，规范各方的行为，保障各方的经济利益。

（五）加强农业标准化工作

一是加快推进西北特色农产品质量安全体系建设，以国家地理标志保护产品为突破点，推动特色农副产品质量安全、生产加工等环节与国际接轨，逐步建立统一、权威的农产品质量安全标准体系，加快发展标准化农业。二是围绕农业生产区位优势，生产应季特色农产品，积极采用国际标准和国外先进标准组织精深加工，建立健全农产品质量标准体系和检验检测体系，加快农产品质量检测中心建设，健全农产品质量安全检测制度，实现对农产品质量的产前、产中、产后全方位监测，保证农产品质量安全。三是扩大农产品质量安全认证范围，加快国家地理标志保护农副产品和区域优势农副产品认证国际化进程，开展无公害食品、绿色食品和有机食品认证。建立健全农产品市场准入、质量追溯认证、地域品牌标识和公示制度。加快优质、安全农产品的商标注册，创建更多的农业名牌。四是鼓励引导产业生态较好、农民素质相对较高、农产品商品率较高的地区先行一步，推行标准化、规模化生产，建立一批农业标准化示范区，创新农业经营模式，持续提高农产品的标准化生产水平，提高农产品的质量和市场竞争力。五是加快完备产品质量标准体系和检验检测体系建设，建立动物防疫体系和重大动物疫病应急处理机制，实施重点区域动物疫病应急防治工程。加快实行法定检验和商业检验分开的制度。

（六）推进农业信息化建设

一是充分发挥西北各省农业信息网络，完成广域网和畜牧、农机、水产等专业网的建设，整合现有的网络资源，拓展服务领域和范围，抓好实施"金农工程"，扶持农户和企业加入信息网络，实现农业信息互联互通和数据共享。二是加强农业信息资源的开发和应用，提高信息资源利用效益。搞好各类农业科技信息的采集、分析、加工发布，加快发展网上交易，为各级农业管理部门、农村合作经济组织、农民经纪人、种养大户、龙头企业和广大农民群众提供全方位、多层次的信息服务。三是推进农业生产信息化。利用遥感卫星技术对农业生产环境进行监测，农作物估产、灾害预防等；利用定位监测检测农作物生产环境的变化等。四是加强农村市场和农产品销售网络建设。以省会城市为中心建设现代化的农产品批发现货和期货交易中心，在优势农产品集中产区，建设一批具有一定规模、辐射能力强、特色鲜明的农产品批发交易市场，尽快形成以期货市场为先导，以大型批发市场为龙头，以区域性专业市场为骨干，以农产品批发市场为基础，期货市场和现货市场相结合，商流市场和物流市场相结合，电子交易和场内交易相结合的市场体系。五是推进农产品和农业生产资料流通现代化。积极发展连锁超市配送、电子商务等现代流通方式，鼓励供销社，省内外大型零售商业企业及为农服务生产企业在农村开拓市场，支持连锁经营向农村市场延伸，加快物流配送体系建设，放开农业生产资料经营。

（七）转变观念提升管理水平

一是树立工业理念和市场意识。坚持以市场为导向，实行企业化运作，一体化经营，提高农产品的经济效益。二是树立质量观念，强化标准意识。高度重视科技的支撑作用，把标准的统一性与多元化结合起来。既要重视无公害、环保等共同特点，又要注意具体市场的不同标准和不同需求，根据不同的市场需求和农产品的特点，建立推广统一的农产品质量安全标准体系，满足不同的市场需要。三是增强品牌意识和规模效益意识。品牌是农产品能否形成市场竞争力的重要前提，是企业的无形资产。只有品牌才有市场竞争力，才有产品信誉。甘肃榆中等地的高原夏菜能够获得国内外市场的广泛好评和高度认可，离不开独特的生长环境、卓越的品质，也离不开特色鲜明的"兰州高原夏菜"商标的市场名誉。同时，只有积极探索农业适度规模经营的新途径，才能进一步提高农业的劳动生产率和比较效益。四是提高资本运营意识。资本运营是现代企业发展的重要手段。现代农业发展，尤其是产业化发展要摆脱单纯依赖政府扶持的传统观念，应用工业资本运营理念走企业重组、兼并、联合的路子，也可组织各种农业企业集团，不断提高核心企业竞争力。五是注重人才培育与技术研发。切实加强农业科技人才的培养和种质资源与核心技术的研发，将"藏粮于技"落到实处。坚持"没有调查就没有发言权"，注重调查研究，不断发现现代农业发展过程中的新情况新问题，总结新经验，根据国内国际经济社会发展变化和区域特色，充实、完善现代农业发展思路，及时调整有关政策和措施，提高管理水平，促进现代农业健康发展。

第五章

构建现代农业生产体系

　　构建现代农业生产体系，顺应我国经济社会发展的客观趋势，符合现代农业发展的一般规律，是加快农业农村现代化建设进程的重大任务。构建现代农业生产体系，核心是要促进农业供给更好适应市场需求变化、更好适应资源环境要求，实现可持续发展。这就要求我们应紧扣市场需求发展生产，主动适应消费升级趋势，使农产品供给数量上更充足、质量上更安全、结构上更平衡、品种上更齐全，持续优化粮经饲、种养育结构，以"大粮食观"大力发展可以替代粮食消费的肉蛋奶、果蔬糖、菌茶药等产品，保障农产品有效供给。必须以务实的态度进一步夯实农业发展基础，实施最严格的耕地保护制度，坚守耕地红线不动摇，保障永久基本农田，大规模推进土地整治、中低产田改造和高标准农田建设，加强农田水利建设，全面提高农业发展的物质技术支撑水平。必须不断优化农业资源配置，提升粮食产量，确保国家粮食安全，实施藏粮于地、藏粮于技战略，科学审视国内农业资源潜力，统筹农产品生产优先顺序，加快推进农业结构调整。必须立足资源优势，树立大食物理念，因地制宜选育、种养优势作物，宜粮则粮、宜经则经、宜牧则牧、宜渔则渔、宜林则林，发挥区域比较优势，加强粮食等大宗农产品主产区建设，加快打造具有区域特色的农业主导产品、支柱产业和知名品牌，建设一批特色鲜明、类型多样、竞争力强的现代化生产基地，优化农业区域布局。

第一节　推进农业装备机械化智能化

2022年"一号文件"特别强调要"提升农机装备研发应用水平""推动智能化设施装备技术研发应用"。发展经济学认为，改造传统农业的关键是引进现代农业生产要素，用新装备新技术武装农业，并把依赖人畜工具劳动的传统农民培养成为熟练运用现代农业机械的新型职业农民。农业机械是先进生产力的主要代表，它不仅突破了人畜生产所不能达到的规模、速度、效率限制，而且可以减少传统农业对土壤、气温、雨水、季节等的严重依赖，为发展现代农业提供了装备保障和技术支撑。近年来，随着新一轮科技革命和产业变革的持续深入推进，各类高端智能化现代农业机械为农业现代化发展提供了更加丰富、更加高效智能的生产设备。从发达国家实现农业现代化的进程来看，尽管各国选择了不同的发展模式和途径，但共同点是都要先解决农业机械化问题。美国把"农业机械化"评为20世纪对人类社会进步起巨大推动作用的20项工程技术之一，列第7位，这一评价客观地反映了农业机械化在农业发展和农业现代化进程中的重要地位。

一、我国农业装备智能化发展方向

根据中共中央国务院和各部委制定的农业装备发展规划，结合西北各省、市、自治区农业装备现状，推进农业装备智能化，需要加大发动机、传动系、转向系和作业机组与作业质量监控技术、农业装备自动导航技术、故障诊断技术、田间信息智能采集与自动识别技术、农田投入物变量施肥技术、智能虚拟终端及其人机交互系统等技术研究，以拖拉机及其配套作业农机具、联合收割机、大型喷药机等为主要对象，研制农业机械集成控制系统。

（一）智能监测关键技术及仪器

农业传感器与仪器装置，研究植物生理传感器技术方法，动物行为模式识别与监测技术和多功能复合传感器技术。开发植物生理传感器、动物生理与行为监测装置、环境生态检测仪器和农机作业对象在线检测装置。

农机专用传感器与仪器。重点研究农机与制造和工程设施开放工况下的运动参数、作业参数、操控参数、故障检测、制造质量检测等的获取技术和传感器、仪器。

传感器网络与信息集成平台。研究传感器自组织网络技术，构建传感器网络与信息集成平台。研制无线网络化、智能化土壤墒情、病害识别、作物长势等系列传感器与监测装备。开发低成本的无线传感器网络系统，对农田和作物实现网络化监测监控。

（二）智能控制技术系统与设备

与作业对象有关的智能作业在线传感器技术及控制系统。研究作物冠层叶面及病害信息的在线实时获取、作物养分含量分析、果实品质检测分析、与作物生长模型匹配的水、肥、药等需求的实时分析及变量投入控制技术。研究田间杂草实时自动光谱识别方法，建立杂草与喷药量之间的数学模型，研制基于光谱实时探测的智能化施药控制装备。研究土壤水分、养分等的检测技术与仪器，构建智能在线检测系统。研究动物生理生态、疫病监控、产量与品质检测等在线检测技术，构建动物健康饲养智能监控技术体系。

与农机装备和设施本身相关的智能检测与控制技术系统与设备。基于作业对象的智能检测与决策技术，研究农机装备自动调控技术与执行。系统、故障诊断系统、自动导航与驾驶系统、作业过程参数优化与质量调控系统、水肥药种变量施用系统和总线控制技术系统等，提升农机智能化水平。开发生产环境智能化复合控制技术，研究温室植物生长多因子多目标控制技术，建立模糊控制模型，开发智能控制系统，研制网络化、智能化、嵌入式控制设备等，实现基于作物生长直接信息和间接信息相结合的精准型控制技术系统突破。

农业装备制造控制技术与装备。研究农业装备关键零部件制造在线检测与监测技术，智能调控关键零部件试验与可靠性技术，整机在线检测技术，制造过程物流调度技术，自动加工工艺规划技术，虚拟仪器接口标准技术，基于传感器信息、虚实结合的可视化单元技术，数字化设计与虚拟现实技术，研制基于计算机系统的农业装备先进制造自动生产线。

农业装备作业管理与服务控制技术与系统。农业机械装备智能调度管理控制技术与系统，研究大型农机作业装备及设施农业系统的网络化、信息化、可靠性技术，研制基于 3S（GPS、GIS 和 RS）的农业机械调度管理、健康监控、故障报警、智能诊断及远程维护、服务、培训系统，农业装备的性能、排放、安全监测技术与系统，农业装备维修质量控制、监测技术系统等。

（三）农用智能机器人

农用智能机器人是一种以完成农业生产任务为主要目的，具备一定运动（飞行或移动）、信息感知和可重复编程能力，集传感技术、监测技术、人工智能技术、通信技术、图像识别技术、精密及系统集成技术等功能于一身的柔性自动化或半自动化设备。农用智能机器人在提高农业生产力和劳动效率，改变农业生产模式，降低恶劣环境劳动风险和强度，实现农业的规模化、标准化、专业化、多样化、精准化等方面显示出极大的优越性。按作业对象不同，具体可分为以下三类。

1. 果蔬嫁接、套袋、采摘和分级机器人。研究农业果蔬嫁接技术，研究果蔬成熟度近红外自动探测分级和双视觉目标定位技术，研究灵巧机械手技术、移动机器人技术以及机器人控制技术。研制园艺农业机器人，实现果蔬的自动嫁接和苹果、番茄、黄瓜、葡萄等的自动化采摘收获。

2. 大田作物移栽机器人。研究柔性设计与仿生、模式识别与自主导航、自动取苗与投苗、直立移栽、漏栽检测等技术和专用基础作业部件，研制作物移栽机器人，提高旱田蔬菜、水田作物栽植关键环节的作业质量和效率。

3. 养殖场自动施药、清粪作业机器人。针对高位、密闭等具有危害的农作物、果林、养殖设施场所，依托机器视觉、自动避障、自动导航、路径规划、自动计量施药等技术，实现无人化施药和清粪作业。

二、农业智能装备关键技术

（一）农业装备自动导航

自动导航是现代智能化农业装备的一个重要组成部分，有着广阔的发展前景。在自动喷洒农药肥料、收割作业、中耕除草、插秧耕作等许多方面有着广泛的用途。农业装备自动导航操作安全简便，既提高了农业生产效率，也较大程度上减少了驾驶员连续作业量，对我国农业装备的智能化、农业生产精细化有着重大促进作用。

1. 导航定位技术

（1）机器视觉导航。机器视觉是指通过安装在车辆上的图像传感器测量相对于行间作物的位置和方位信息。自从机器视觉导航用于探测作物特征后，其主要目标是实现如耕作、施肥、喷药和收割等自动化田间细节工作。它的主要优点是开发成本与高精度卫星定位系统相比较低，缺点是受杂草密度、光线影响较大。

（2）卫星定位导航。卫星定位系统可以全天候、高精度、快速对卫星进行导航、定位，它由21颗工作卫星和3颗备份星组成。卫星定位系统的定位原理是每颗卫星都连续向地面发射一定频率的电信号，这能保证装有卫星定位系统的车辆无论在地球的任何位置，都可以同时接收到 4 颗以上的卫星发射过来的信号。由星载时钟记录的时间可以得到卫星的位置，再根据接收到的卫星信号得到卫星和用户间的相对位置，通过最小二乘法就可以得到车辆的绝对位置坐标。卫星定位主要分为两类，DGPS 和 RTK-GPS，其中 DGPS 能达到亚米级的精度，RTK-GPS 可以达到厘米级的精度，在应用时可根据实际需要选择合适的卫星定位系统。在移动导航中，卫星定位精度受到卫星信号状况和道路环境的影响，如温室大棚、树冠对信号的阻挡，同时还受到时钟误差、传播误差、接收机噪声等诸多因素的影响。所以在农业机械导航中通常还辅以磁罗盘、FOG（光纤陀螺仪）等传感器或者与其他导航方式相结合来提高定位精度。卫星定位导航的另一不足是卫星定位导航系统的成本较高，使得其在农业工程中的应用受到一定限制。

（3）航位推算导航。航位推算是在知道当前时刻位置的条件下，通过测量移动的距离和方位，推算下一时刻位置的方法。航位推算传感器价格低廉、使用可靠，适用于短距离导航。航位推算传感器一般是基于积分运算来工作的，若长时间工作容易造成累积误差，所以一般和其他类型传感器组合导航。

（4）惯性导航系统。惯性传感器用于测量车辆的惯性状态，它主要的优点是工作时不依赖于外界信息，也不向外界辐射能量，因此可以在极为恶劣的环境下工作。最常用的惯性元件有陀螺仪和加速度计。惯性导航是一种自主式导航系统，它的工作原理是：已知一个点的位置，再根据连续得到的物体的航向角和速度值，去推算出下一点的位置，可以连续地测量出运动体的当前位置。这种导航方式的优点在于：隐蔽性好而且不受外界电磁场的干扰。它产生的导航信息连续性好，而且噪声也低。它的数据更新率高，短期的导航精度比较好。但是由于它的导航信息是经过积分得到的，所以存在累积误差，长期的导航精度低。所以这种导航方式很少单独使用，它一般配合其他的导航方式一起使用，则可以达到很好的精度。

（5）激光导航。激光传感器能精确测试被激光束反射的物体位置，在自动导航中，用光束以平面角或立体角扫描，通过对反射光束的测量，计算角度和距离。激光扫描仪发射激光束对田边的固定标志点按一定频率进行扫描。这种低频信号使用了卡尔曼滤波器，能有效控制离散的噪声信号，便于线性定位，还能把距离数据转换为三维图像替代视觉导航。除了用光束发出和返回的时间测试距离，还可用激光信号的振幅轴向移动调整数据计算距离。此方法在测试距离和分辨率上有很大提高，但价格昂贵，对灰尘、雨雪的敏感性也很高，影响对田间位置的测量。

（6）电磁诱导导航。是指机器人以铺设在作业路径上的感应电缆为引导线，在无人干涉的情况下，沿着引导线自动行走的一种导航方式。其工作原理是：在地下或高空中沿着作业路径铺设感应电缆，并通以高频交变信号电流，机器人通过电磁感应传感器，感测电磁信号，其接收到的电磁信号强弱可以反映机器人偏离引导线的程度，机器人根据这种变化来调节行走路线，实现自动导航。电磁诱导导航，不必进行复杂数据运算，容易实现，导航精度高，但是需要提前铺设电缆，且在大型农田中应用的成本太大，所以比较适合小范围内田间操作的应用。

（7）机器触觉导航。机械触觉是一种相对位置传感器，它可以提供车辆与接触物之间的相对位置关系，通过对相对位置变化进行检测，实现自动导航。

（8）其他传感器导航。超声传感器、无线电、红外传感器、倾角计（倾角罗盘、倾斜计）、地磁传感器（GDS）等可用于农业机械的自动导航。

（9）多传感器融合导航。多传感器融合技术是指利用多个传感器共同工作，得到描述同一环境特征的冗余或互补信息，再运用一定的算法进行分析、综合和平衡，最后取得环境特征较为准确可靠的描述信息。综合分析各种导航传感器的特性，将不同种的传感器相融合是农业车辆导航的发展研究趋势。

（10）无传感器导航。无传感器导航能够充分利用地理环境对车辆实现自动导航。日本爱媛大学研制了一种不用传感器导航的自校正运输车，该运输车可以在两条相距一定距离的地面中间直线行走。这种导航方式不用传感器，利用机械装置实现方向的自动调节，但是需要专门的地垄作为轨道，灵活性差。荷兰农业环境工程研究所（MAG）研制了一种温室黄瓜收获机器人，同样不用传感器导航，而是以温室内的加热管道作为轨道，合理地利用了周围的环境条件。该机器人能以 0.8m/s 的速度在两条平行的加热管道上自由行驶。

2. 导航控制技术

对于车辆导航控制的研究，则主要集中在导航控制器的设计上。控制器是将路径偏差信号转变为车辆操作机构动作的中间环节。目前，农业机械导航控制器设计所使用的方法主要包括：基于 PID 控制的方法、基于动力学模型的控制方法、基于运动学模型的控制方法、基于模糊控制的方法、基于神经网络控制的方法等。PID 控制算法是工程界中最常用的控制算法，由于其算法简单、鲁棒性好、可靠性高，被广泛应用于过程控制和运动控制。基于动力学的控制方法充分考虑车辆的动力学性能，将车辆的转向受力、转向负载、质量等考虑在内，建立车辆动力学模型。而基于运动学模型的控制方法，可以不考虑车辆在运动中的受力和侧滑等复杂问题，用简单的运动学模型描述车辆的运动状况。神经网络控制和模糊控制能模拟人的智能行为，不需要精确的数学模型，能够解决许多不确定的、非线性的自动化问题，因此被引入车辆自动导航控制。

3. 转向控制技术

车辆方向的改变是通过转向机构来实现的，目前主要采用电机和液压机构两种方式对车辆转向进行控制。用直流电机来控制车辆转向，可以很好满足车辆控制的实时性和准确性要求。现代农业车辆大多数都采用液压操作系统，将原有液压系统进行改造，引入车辆转向机构，也可以实现对车辆转向的自动控制。

（二）土壤信息采集和分析

1. 土壤水分信息采集与分析

（1）烘干称重法。这是目前国际上的标准方法，亦是用于鉴别其他含水量测定方法准确度大小的标准方法。其操作过程是直接测量土壤在 105℃ 下烘干前后的重量，以所失去水重占烘干重的比数表示。这种方法的优点是：操作简单方便；对设备要求不高；测定结果精度较高，误差较小。其缺点是：费时费力，取样时破坏土壤；深层取样困难；因取样换位、破坏土壤，给定点测量带来误差；在很多情况下不可能长期定点、原位监测，无法实现在线快速测量；受土壤空间变异性影响较大，测定水分含量的结果代表性范围较窄。

（2）张力计法。张力计法是被广泛应用的一种直接测定水分的方法，它是根据瓷杯与土壤紧密接触，瓷杯内的水势与土壤中的水势达到平衡后，通过与瓷杯相连的真空表或水银柱读出土壤基质势。这种方法的优点是：结构及原理较简单；制造价格低；可以测定土壤中张力变化的瞬差值；可以在线、实时、连续测定土壤水分动态；受土壤空间变异性的影响较小。其缺点是：它的测定范围很大程度上受土壤性质的影响；测的是土壤水吸力，需要依据土壤水分特征曲线来换算成土壤含水量，而土壤水分特征曲线受土壤特性影响大，且有滞后现象，因而既不方便，也欠准确。

（3）电阻块法。电阻块由多孔渗水介质（如石膏、尼龙、玻璃纤维）组成，多为石膏块。将里面嵌有电极的电阻块放入土壤，当电阻块中的水势与土壤水势平衡后，测量电阻块的电阻，其电阻大小与含水量相关，借此求出土壤水分含量。这种方法的优点是：成本较低，可以做许多重复；电阻块放入土壤后可不破坏土壤而留在田间连续自动监测，也可做成手持式的。其缺点是：有滞后作用，测量范围一般只能到100kPa，干的电阻块可能与土壤接触不好，灵敏度也非常低；且受引起土壤电学变化的其他因素的影响，使结果出现误差；只适合于非盐碱土水分的测定；当使用直流电时，极化作用会引起电阻块退化速度加快，石膏溶解于土壤水中，土壤含水量越高，电阻块寿命越短；电阻块受土性影响，需要标定，而且标定结果会随时间发生变化。

（4）中子散射法。此法是利用中子源辐射的高速运动的快中子与其周围的物质作用，使快中子改变方向和产生能量损失，变成慢中子。在土壤中因其水中含有氢原子，而中子对氢原子作用的能量损失远大于土壤中其他原子作用的损失，这样，可以通过测定慢中子数量来测定土壤含水量。这种方法的优点是：测量结果准确，测量较简单、容易，速度也很快；其套管安装后不破坏土壤，能长期定位测定，可达根区土壤任何深度。缺点是：如果屏蔽不好，易造成射线泄漏，污染环境，危害人体健康。此法在发达国家已被禁止使用。

（5）γ射线法。γ射线法是利用放射源 137Cs 放射出γ射线，使其透过土体，用探头接收γ射线透过土体后的能量，以其与土壤水分含量的关系换算得到土壤含水量。这种方法的优点是：快速准确；不破坏土壤；能定点连续监测。其缺点是：存在潜在的辐射危险。

（6）时域反射仪法。时域反射仪法是依据电磁波在土壤介质中传播时，其传导的电磁波信号经传输线一端返到 TDR 接收器，分析传导速度和振幅变化。根据速度与介电常数的关系，介电常数与体积含水量之间的关系，而得到土壤含水量。这种方法的优点是：测量速度快，可以实时、定位、连续、自动测量；可以做成便携式用于测量，也可与计算机相连，自动完成单个或成批监测点的测量；在测量精度要求较低时，一般不需标定，但误差要求很小时，要求进行标定或校正；导波棒可以单独留在土壤中好几年，需要时再连上 TDR 进行测定；导波棒可做成不同形状以适应不同需要；测量范围广；操作简便。其缺点是：TDR 仪电路复杂，成本较高，价格昂贵；测定时受土性影响大，且不能测量表土 10cm 以内的含水量；检测探头的埋设及维修费时费力；且因破坏土层结构而影响测量精度。

（7）频率反射仪法。频率反射仪法是根据电磁波在介质中传播频率来测量土壤的表观介电常数（ε），从而得到土壤体积含水量θ的一种方法。频率反射仪法的优点是：简便安全，快速准确；可以实时、定位、连续、自动测量；测量范围宽，可以少标定等；频率反射仪法可一次性安装监测土壤水分，直观各层数据；它的各层传感器可以在探测杆上调节位置，并可以增减传感器数量，根据需要测定不同深度土壤水分值；探测中某层出现问题时，可拔出探测杆更换。其缺点是：频率反射仪法的读数强烈地受到土性的影响；探头—套管—土壤接触不好则严重影响测定结果；与纯粹的时域反射仪波形分析相比，频率反射仪法缺少控制和一些详细信息。

（8）遥感法。遥感法是种接触式、大面积、多时相的土壤水分监测方法。遥感法监测土壤水分所涉及的波段很宽，从可见光、近红外、热红外到微波都有学者进行过研究。遥感法监测土壤水分，就是利用地表反射太阳辐射或本身发射的远红外、微波辐射的信息反演推算土壤水分含量。其优点是可大大地缩短地面调查所用时间，同步的全球观测数据和图像；可以大面积覆盖、准同步快速获取和处理大量信息，把地理数据采集、处理、分析、模拟的全过程，压缩在自然和社会环境动态变化过程的时间之内，加速和加深人们对资源变化、自然灾害发生、区域经济发展趋势等的认识，赢得预测预报的时间；技术成熟、成像比例尺大、地面分辨率高、适于大面积地形测绘和小面积详查以及不需要复杂的地面处理设备。其缺点是飞行高度、姿态控制、全天候作业能力、大范围的动态监测能力较差；测量结果准确性受土壤盐度的影响。

2. 土壤养分信息采集与分析

土壤各种营养元素中，氮、磷、钾是作物需求量较大并在收获时带走量较多的元素，需要通过施肥来补给。大面积快速获取土壤养分含量信息，根据土壤养分的丰缺合理施肥，对于我国农业可持续发展具有重要意义。在土壤养分的快速测量方面，目前国外研究主要采用的测量仪器有三类。

（1）基于光电比色等传统养分检测技术，此基于光电比色等传统养分速测技术基础上的便携式土壤养分速测仪，不能满足田间快速测量的要求。

（2）基于近红外的土壤养分检测技术，基于近红外技术（NIR），通过土壤或叶面反射光谱特性直接或间接进行农田肥力水平快速评估的仪器。

（3）基于离子选择场效应晶体管集成元件的土壤养分检测技术，基于离子选择场效应晶体管集成元件的土壤主要矿物元素含量测量仪器。在土壤水分传感领域，国外可用的传感器种类很多，主要包括基于时域反射仪（TDR）原理的测量方法、基于中子法技术的测量方法、基于土壤水分张力的测量方法和基于电磁波原理的测量方法。部分技术较为成熟，已有商业化产品，当前主要问题是降低生产成本。土壤电导率也是土壤的一项重要指标，它能不同程度地反映土壤中的盐分、水分、有机质含量、土壤质地结构和孔隙率等参数的大小。

3. 土壤 pH 信息采集与分析

土壤酸碱度是土壤中许多化学性质特别是基岩状况的综合反映，也是土壤肥力的一项重要指标。土壤的酸碱度不同，其供肥和植物的生长发育状况会有差异，同时土壤 pH 还严重影响土壤养分的有效性。pH大小直接反映了土壤基材中氢离子的多少，直接表征土壤的酸碱度。

土壤 pH 测定的方法大致可分为电位法和比色法两大类，随着分析仪器的进展，土壤实验室基本上都采用了电位法，电位法有准确、快速、方便等优点。ASI 方法采用了电位法，其基本原理是：用 pH 计测定土壤悬浊液的 pH 时，由于玻璃电极内外溶液 H+ 离子活度的不同，产生电位差。还可以采用比色法来测量：取土壤少许（约黄豆大），弄碎后放在白瓷盘中，滴入土壤混合指示剂数滴，到土壤全部湿润，并有少量剩余。震荡瓷盘，使指示剂与土壤充分作用，静置 1 分钟，和标准比色卡比色，即得出土壤的酸碱度。

（三）作物信息采集和分析

1. 作物病害信息采集与分析

国内外在作物病害检测方面的传统技术主要包括光学显微镜技术、透射电子显微镜技术、生物测定技术、血清学技术、多聚醇链式反应技术、核酸序列分析技术、指纹图谱分析技术、分子标记技术及生物电子技术等。现代化的检测技术有：基于遥感技术、图像处理技术和农业专家系统的作物病害胁迫检测方法。

2. 作物虫害信息采集与分析

传统的作物虫害信息采集与分析方法有人工检测法。人工检测通常采用盘拍、诱集等方法，利用人工感官在现场检查害虫，借助放大镜、显微镜等工具或直接用肉眼判别害虫的种类，并统计数量。该方法是一种最直观、简便，但很粗放的方法，调查工作量大，单次检测覆盖面积小，效率较低，调查成本高。为了克服传统人工检测方法的不足，人们开展了虫害机器检测和监测技术研究，目前在声音特征检测法、雷达观测法、图像识别法以及光谱监测法等方面取得了较明显的进展。

3. 作物杂草信息采集与分析

杂草识别通常采用基于机器视觉的方法来采集和处理图像。利用颜色特征可以区分植物和土壤，但是难以区分杂草和作物。近年来，形态特征、光谱特征和纹理特征等也被用来识别杂草。另外，模式识别等方法也被应用于杂草识别研究。目前，基于杂草特征的识别方法有：利用形态特征识别杂草、利用颜色特征识别杂草、利用光谱特征识别杂草、利用纹理特征识别杂草、模式识别杂草等技术。

（四）农产品信息采集与分析

1. 机器视觉

（1）颜色、大小分级。颜色和大小是最基本的分级指标，基于颜色和大小的自动化检测方法已比较成熟，几乎所有的分级装备都具有颜色和大小的分级功能。对于水果的颜色分级，在较多的颜色空间模型中，RGB 模型和 HIS 模型是使用最为广泛的两种。目前，国外基本实现了水果颜色的自动分级，但国内由于没有解决颜色快速准确的分级算法，在线检测技术尚不成熟。对水果进行大小分级有很多研究，这些研究都在静态下进行，获得了较好的分类效果。动态条件下，水果图像位置随机，与位置有关的参数在动态条件下很难确定。

（2）表面缺陷分级。水果表面缺陷和损伤的自动检测是水果机器视觉分级中的一个研究重点、难点。表面缺陷包括腐烂、虫咬、压伤、伤痕等，大多是提出某种图像处理的方法。尽管有些方法已取得了比较好的效果，但是成本提高，实时性也会受到影响。有少数提出水果分级检测从特征提取、对象表达到对象划分的整体模型。

（3）形状分级。对于形状分级，通常采用基本形状特征、矩特征、边界描述算子等进行描述。

（4）纹理分级。表面纹理特征是衡量水果外部品质的重要指标，可以反映果实成熟度和内部品质，纹理鲜明的果质高于不鲜明的果质。纹理分析方法分为统计方法和结构方法。纹理识别方法很多，根据纹理特征提取方法不同，有基于灰度共生矩阵、基于马尔可夫随机场模型特征和小波变换等多种方法；根据采用的分类器不同，主要有神经网络、贝尔斯分类等纹理识别方法。

2. 光谱

光谱成像技术可以对待检测物体进行定性、定量和定位分析。根据传感器的光谱分辨率可分成多光谱、高光谱、超光谱三类。高光谱成像技术可同时获取空间以及光谱信息，其图像数据反映了水果的外部特征、表面缺陷等，光谱数据可对物体内部物理结构及化学成分进行分析。因此，近年来利用高光谱进行表面缺陷的检测分级成为研究热点。

3. 核磁共振（NMR）

运用 NMR 技术对鳄梨成熟度实现实时分级。通过一个单脉冲的 NMR 获得质子的自由衰减。在对其做 Fourier 变换的基础上，可以得到 NMR 频谱，这个频谱有两个谐振峰值，两个峰值相互重叠，一个与水的质子相关联，一个与烃的质子相关联，谐振峰参数输入 Lorentzian 函数，即可综合衡量成熟度。当传输带的速度为 25cm/s，水果相互间隔 20cm，检测速度为 1.25 个/s 时，可实现鳄梨的实时检测。

4. 激光技术

激光诱发荧光谱（LIFS）技术用于检测色素，从而得到水果质量的变化情况。通过研究 LIFS 测量中的影响因素，这项无损检测技术发展成为一种荧光谱测量方法，用于检测苹果的质量。根据水果色素的荧光谱不同，可以用红色荧光检测出水果的叶绿素，用蓝绿色荧光检测出胡萝卜素，检测的波长分别为 402nm、430nm 和 458nm。

5. X 射线技术

在梨收获后的贮存期间，大量梨贮存在一起，空气流通不好，会导致二氧化碳浓度的增高及氧浓度的降低，从而导致梨的损坏。运用 X 射线、CT 图像及磁共振图像（MRI）区分梨的未损坏的组织、褐色组织和洞穴。以在空气质量不好的情况下储存 10 个月后的梨为例，通过 X 射线断层扫描及磁共振图像（MRI）与切片梨的实际情况比较，能够发现图像能明显区分未损坏的组织、褐色组织和洞穴。

6. 热红外图像检测

热红外图像检测是一种非接触、非破坏红外传感技术，通过检测物体辐射散发的红外线做出温谱图。在使水果升温过程中，运用热成像技术，利用水果的受伤部位与无伤部位对热的扩散率不同，可以将有瘀伤的苹果有效地检测出来。将苹果从 0.46m 的高度落到平滑的水泥地面上，使苹果受伤，再将苹果放在温度为 26℃、相对湿度为 50% 的状态下保持 48h，使瘀伤组织扩展。然后对水果进行不同温度的加热、冷却处理，并在此过程中对其拍摄热成像图，30s~180s 将热成像图中有瘀伤组织同未受伤组织比较，至少有 1~2 处不同。该技术可为有瘀伤组织自动分级提供基础。

7. 超声波信号

水果的储存时间也能从一定程度上反映水果的质量。可以运用超声波信号检测苹果的储存时间。水果有非线性的黏弹性特性，因此当超声波信号经过水果表面后，信号会削弱，且频率会改变。但用典型的超声波参数如波速、波的衰减及波的频谱很难评价水果的内部质量。将离散小波变换应用到超声波检测苹果上，结果显示第一个峰值频率与苹果的储存时间有很好的相关性。

第二节 农业生产标准化体系

农业标准体系的技术水平直接影响到农业标准化的实施水平，关系到整个农业产业发展的发展水平。如何构建一个科学、完整的农业标准体系，是农业标准化首先要做的基础工作。

一、农业标准化概述

（一）农业标准体系内涵

1. 农业标准体系的定义

农业标准体系就是指在一定范围内的农业标准按其内在联系形成的科学的有机整体。其目的是把以农业技术标准为核心，包括农业生产的产前、产中、产后全过程的生产操作规程在内的标准集合起来，充分发挥其在农业生产中的规范作用，更好地为农业生产服务，促进农业产业化和现代化建设。

从宏观而言，农业标准体系是指为了对农业产前、产中、产后全过程进行规范，按照国家法律法规的规定，制定国家、行业、地方和企业标准，形成的相互配套的质量控制及经济、社会和生态效益控制标准体系。从微观而言，是指为了保障某一类或某一种农产品质量，按照市场需求及法律法规、国家强制性标准的规定，建立和完善农产品产地、生产、加工、销售全过程标准，形成与市场需求对接，国家、行业、地方、企业标准紧密衔接配套的质量控制，能发挥最佳经济、社会和生态效益的标准体系。

2. 农业标准体系的内容

（1）农业标准制定的主体

制定农业标准应当发挥农业行业协会、科学研究机构、学术团体和农业企业的作用。制定标准的部门应当组织由专家组成的标准化技术委员会负责标准的草拟，参加标准草案的审查工作。标准技术委员会主要由用户、农业生产部门、农业企业、农业行业协会、农业科研机构、农业学术团体及有关部门的专家组成。未组成标准化技术委员会的，可以由标准化技术归口单位负责标准草拟和参加标准草案的技术审查工作。制定企业标准应当充分听取用户（包括消费者）、科研机构的意见。

（2）农业标准的构成

农业标准的构成很复杂，具有典型的时空特性。从地域空间看，它由农业国际标准、区域标准、国家标准、行业标准、地方标准与企业标准构成；从时间属性看，它由产前的生产环境标准和农业生产资料标准，产中的生产技术规程，产后的收获、加工、物流标准构成；从国际贸易需求看，由进（出）口国标准、国际标准、区域标准、买卖双方共同约定的要求等构成；从农产品质量安全看，由无公害（农产品）标准、绿色食品标准、有机食品标准等构成。

（3）农业标准的管理

农业标准的信息反馈。信息反馈是对农业标准体系进行管理的前提。任何一个标准体系都必须有信息反馈，而且必须经常地获得必要的反馈信息。反馈控制是标准系统实现目标的决定性因素，它包括广泛收集农业国际标准、国外先进标准与出口目标国标准信息，并及时调查国内标准指标的有效性。

农业标准的动态发展。农业标准体系的发展是一个历史积累的过程，其本身是一个相对稳定的系统，才能使标准化发挥其系统效应。但这种稳定性是建立在外部条件相对稳定的基础上的，当外部条件发生变化，标准的稳定性和有效性也随之降低。因此，在农业标准体系建设过程中，要根据国内外农业和农村经济发展变化及时制定、修订或废止标准。而且，农业标准体系的建立要全面掌握国内外的生产和消费需求，以相当数量的各级各类的标准为基础，并注重标准质量的管理和相关标准间的有效衔接。

（二）农业标准化遵循的基本原理

1. 顺应生长规律

农业生产是人类依据生物生长规律，通过劳动、技术等手段干预其自然生长的动态演进过程。生物一旦进入某个农业生产过程，就会在自身生长规律的约束下自然生长，任何违背作物生长规律的"拔苗助长"措施，轻则使运动进程放慢或者加速，重则使运动结果具有不确定性，极易造成生态环境或生物多样性破坏，甚至危害人体健康。因此，农业标准化一定要尊重作物生长规律，切不可随心所欲和异想天开。

2. 环境依赖原理

"橘生淮南则为橘，生于淮北则为枳，叶徒相似，其实味不同。所以然者何？水土异也。"可见，农业生产过程具有明显的产地属性和较强的环境依赖性，农作物的产品内在品质，取决于该生物对产地生态环境的最佳适应性。农业生产在确定了作物品种之后，必须要在特定生态环境中生长发育，才能取得理想的结果。否则，即便利用最先进的生产设备和技术，模拟再好的人工环境，所生产出来的产品，相比自然环境生长的产品，口感、色泽等还是会有较大差距。

3. 不确定性原理

由于生物生命过程受到多种因素的影响，各因素之间既相互关联，又相互影响，每一种因素微乎其微的变化都会导致生长结果的不确定性，使得农业生产经营很难得到重复的结果。在农业标准化中，措施的实施虽然每次都在一个可以接受的容错范围之内，但每一次重复的结果总会与前一次不尽相同。

4. 时滞效应原理

农业标准化措施的实施与设想的实施效果往往不是同步的，存在一定的时差。农业标准化措施实施后，可能需要少则数日，多则数月，甚至数年的时间，才能显现出相应的实施效果，我们视其为一种缓慢表达性。

5. 过程多路原理

由于农业产出结果受多种多样的因素影响，在农业生产的每一环节或阶段，为实现特定的结果，采取的措施不尽相同，即使两个产出结果完全相同，其实施的过程也并不一样。由于达到同一产出目标的多通道、多路径特性，使得同一生产结果的过程表现出非唯一性。

6. 质量多层原理

农业标准化过程中的某个环节的质量与其下一环节的质量及其最终产品的质量之间既存在一定的依赖关系，也并不是完全依赖。同一农业标准化过程后的最终产品质量也存在一定的差异。即便是应用一样的标准管理方法和技术过程，农业过程的最终产品仍然会出现质量多层现象，很少会出现工业产品那样完全一样的或极其接近的质量规格。

（三）农业标准化的范畴

1. 对象或领域

（1）农产品（含其加工品）、种子（包括种子、种苗、种畜、种禽、菌种等）的品种、规格、质量、等级安全和卫生要求；

（2）农产品、种子的试验、检验、包装、储存、运输、使用方法和生产、储存、运输过程中的安全、卫生要求；

（3）农业方面的技术术语、符号、代号、标志；

（4）农业方面的环境条件、生产技术和管理技术。

2. 内容

（1）术语、符号、代号；

（2）图形、表格、文件、账目；

（3）量、单位；

（4）品种、规格、等级、类别；

（5）性能、功能、质量；

（6）包装、标志、标识；

（7）开发、试产；

（8）环境条件；

（9）技术、作业、操作、方法、要求；

（10）保鲜、储存、运输；

（11）销售、服务、使用；

（12）试验、检验、认证、认可；

（13）农具、工具、仪器、设备、机械、条件；

（14）安全、卫生、环境保护；

（15）管理规程、管理方法。

随着农业经济、农业科学技术的发展，也随着农业标准化自身的发展，农业标准化的内容还会越来越丰富。

3. 级别

（1）农业国际标准化是指所有国家有关机构都可参与的农业标准化。

（2）农业区域标准化是指仅世界某个地理、政治或经济范围内的国家的有关机构可参与的农业标准化。

（3）农业国家标准化是指在某个国家一级进行的农业标准化。

（4）农业行业标准化是指在某个国家的农业行业一级进行的农业标准化。

（5）农业地方标准化是指在某个国家的某个地区一级进行的农业标准化。

（6）农业企业标准化是指以提高农业企业管理效益和效率为目的，对农业企业范围内需要协调、统一的技术、管理和工作事项进行有组织、有计划的农业标准化。

二、农业标准化体系架构

（一）农业标准体系构建

1. 按照农产品产业链构建标准体系

农产品生产经营一般分为种苗繁育、基地建设、栽培、采收、采后处理与加工、分等分级、包装、贮运、销售及售后跟踪等过程，在构建标准体系时，按照各过程紧密衔接及产业中长远发展要求，每个过程可考虑制定一个标准，各个过程标准的综合就构成了一个比较完整的标准体系。

2. 按照产业发展技术水平构建标准体系

突出技术优势，农产品生产全程按照技术优势的要求，构建标准体系。如具有杂交水稻研发优势，在建立稻米产业标准体系时，要根据杂交水稻技术的要求，确定体系中的各个标准。

3. 按照产业保护的要求构建标准体系

现在各国为保护原产地产品，都在开展原产地地理标识认可工作。对原产地产品，经国家有关单位认可后，国家对地理标示范围内的产品实行保护，只有在规定范围内的产品，才能加贴原产地地理标识。对加贴原产地地理标识的农产品，各国在市场准入及征税上实行优惠。对具备原产地地理标识保护的产业，以保护产业发展为重点，构建标准体系。

（二）农业质量认证体系

1. 农业质量认证的概念

农业质量认证是由可信任的第三方（认证机构），依据程序对农产品、食品或其生产过程或服务符合规定标准或要求的情况给予证实的全部有关活动。农业质量认证是由农业相关的质量检验、认证机构从事的活动。农业质量认证对象是农业产品、生产过程或服务、生产环境和质量管理体系，通过认证确定认证对象是否符合相应的标准。农业质量认证可分为产品、报备认证和环境或质量体系认证。农业质量认证最早始于美国农作物种子，后来发展到农产品和服务。目前，农业生产经营中开展的认证工作主要有 ISO9000 国际质量体系认证、ISO14000 国际环境体系认证、HACCP 国际食品安全管理体系认证等，以及国内的国家免检产品、质量市场准入标准（"QS"标志）、原产地产品认证、无公害农产品认证、绿色食品认证和有机产品认证等。

2. 质量体系认证的概述

（1）ISO9000 质量管理体系认证

ISO9000 标准是国际标准化组织在 1994 年提出的概念，是指由 ISO/TC176（国际标准化组织质量管理和质量保证技术委员会）制定的国际标准。ISO9000 不是指一个标准，而是一族标准的统称。根据 ISO9000-1：1994 的定义："ISO9000 族是由 ISO/TC176 制定的所有国际标准。"

TC176 即 ISO 中第 176 个技术委员会，成立于 1980 年，全称是"品质保证技术委员会"，1987 年更名为"品质管理和品质保证技术委员会"。TC176 专门负责制定品质管理和品质保证技术的标准。

（2）ISO14000 环境管理体系认证

在当今人类社会面临严重的环境问题（如温室效应、臭氧层破坏、生物多样性的破坏、生态环境恶化、海洋污染等）的背景下，ISO 汇集全球环境管理及标准化方面的专家，在总结全世界环境管理科学经验的基础上制定并正式发布一套环境管理的国际标准——ISO14000 系列标准，涉及环境管理体系、环境审核、环境标志、生命周期评价等国际环境领域内的诸多焦点问题。旨在通过建立符合各国的环境保护法律、法规要求的国际标准，在全球范围内推广 ISO14000 系列标准，达到改善全球环境质量，促进世界贸易，消除贸易壁垒的最终目标。

（3）GMP 认证

良好操作规范（GMP）是一种重视生产过程中产品品质与质量安全的自主性管理制度，要求企业从原料、人员、设施设备、生产过程、包装运输、质量控制等方面按国家有关法规达到卫生质量要求，形成一套可操作的作业规范帮助企业改善企业卫生环境。

GMP 实际上是一种包括 4M 管理要素的质量保证制度，即选用规定要求的原料（material），以合乎标准的厂房设备（machines），由胜任的人员（man），按照既定的方法（methods），制造出品质既稳定又安全卫生的产品的一种质量保证制度。

（4）HACCP 认证

危害分析关键控制点（HACCP）作为一种科学的、系统的方法，应用在从初级生产至最终消费过程中，通过对特定危害及其控制措施进行确定和评价，从而确保食品的安全。HACCP 在国际上被认为是控制由食品引起疾病的最经济的方法，并因此获得 FAO/WHO 食品法典委员会（CAC）的认同。它强调企业本身的作用，与一般传统的监督方法相比较，其重点在于预防而不是依赖于对最终产品的测试，它具有较高的经济效益和社会效益。被国际权威机构认可为控制由食品引起的疾病的最有效的方法。

HACCP 是确保食品质量的积极的过程控制体系，对食品加工、运输以至销售整个过程中的各种危害进行分析和控制，从而保证食品达到安全水平。20世纪60年代，皮尔斯伯公司联合美国国家航空航天局（NASA）和美国一家军方实验室（Natick地区）共同制定了HACCP，体系建立的初衷是为太空作业的宇航员提供食品安全方面的保障。1993年，国际食品法典委员会推荐HACCP系统为目前保障食品安全最经济有效的途径。

（5）GAP认证

1997年，欧洲零售商农产品工作组（EUREP）在零售商的倡导下提出了"良好农业规范（GAP）"，简称为EUREPGAP。2001年EUREP秘书处首次将EUREPGAP标准对外公开发布。EUREPGAP标准主要针对初级农产品生产的种植业和养殖业，分别制定和执行各自的操作规范，鼓励减少农用化学品和药品的使用，保证初级农产品生产质量安全，形成关注动物福利，环境保护，职工的健康、安全和福利的整套规范体系，提倡动态管理、循序渐进、自我完善的新概念。GAP内容是以危害分析与过程控制点（类似HACCP）形式规定相关良好农业生产行为和条件，并充分赋予可持续发展和不断改进的新理念，避免在农产品生产过程中受到外来物质的严重污染和危害，充分体现与履行企业或组织的社会责任。

为建立我国GAP认证和标准体系，自2004年起，国家认监委组织有关方面的专家制定并由国家标准委发布了24项GAP国家标准，内容涵盖种植、畜禽养殖、水产养殖。国家认监委还发布了《良好农业规范认证实施规则》，建立了我国统一的GAP认证体系。

（三）农业质量监测体系

1. 农业质量监测体系简介

农业质量监测体系是指为完成农产品质量各个方面、各个环节的监督检验所需要的政策、法规、管理、机构、人员、技术、设施等要素的综合。它不但是农产品质量的基础保障体系，也是依据国家法律法规对产地环境、农业投入品和农产品质量进行依法监督的执法体系。除必要的政策法规和管理制度外，农业质量监督检验测试机构是这个体系的主体。农业质量监测体系建设是农业标准化建设的重要组成部分。它既是农业标准化工作顺利开展的基础保障体系，也是监督标准化进程、检验标准化成果的重要的信息反馈体系。它主要包括农业质量管理体系、执法体系建设、质量监督检验基础设施建设和市场评价监督机制的培育等内容。农业质量管理体系与执法体系是政府的重要职能部门之一，它依照法律法规对农业质量进行管理与监督；质量监督检验基础设施主要为政府监督和社会监督提供合法依据；市场评价监督机制是市场运作过程中形成的对农业投入品和农产品进行真伪识别、价值评估、优胜劣汰的质量监督评价认可机制。

农业质量监测的对象是农业投入品质量和农产品质量。农业投入品是指在农产品生产过程中使用或添加的物质，包括种子（种苗、鱼苗、仔畜）、肥料、农药（兽药、鱼药）、饲料、添加剂等农用生产资料产品和农机、农业工程设施设备等农用工程物资产品（农膜、农机），也包括不按规定用途非法用于农产品生产的物质，如孔雀石绿和瘦肉精。质量监测的内容包括三个方面：一是假冒产品；二是质量不合格产品；三是毒性大、残留量高等不宜在农业生产中使用的产品。农产品包括农业、水产业、畜牧业、林果业的产品、副产品及其初加工品，质量监测的内容主要有两个方面：一是假冒品牌的农产品，二是农药（兽药、鱼药）残留、重金属、亚硝酸盐、瘦肉精等对人体有毒有害物质超标的农产品。当前，大宗农产品品牌化程度还比较低，农产品质量监测的重点主要是农产品的安全卫生水平。

2. 农业质量监测体系组成

（1）产地环境质量监测

产地空气监测。空气质量与农业生产息息相关。当空气环境遭受污染时，就会对农业生产带来影响和危害。因此，无论是绿色食品还是无公害农产品生产，产地的空气环境质量监测都是必不可少的。常见的空气污染物有 SO_2、悬浮颗粒物 TSP、氮氧化物 NOx（如：NO、NO_2、NO_3）、一氧化碳 CO、挥发性有机化合物 VOCs（如：苯、碳氢化合物）、有毒化学品（如：氯气、氨气、氟化物）、温室气体（如：二氧化碳、甲烷、氯氟烃）等。

产地水质监测。水是农业生产中必不可少的要素，水质的好坏对农作物生长发育以及产品质量都有很大的影响。因此，加强产地水质监测对于评价产地环境质量，保证农产品质量具有十分重要的意义。绿色食品水质监测项目主要有 pH 值、镉、铅、汞、砷、氟化物、铬（六价）、氰化物、氯化物、细菌总数、大肠菌群、COD、BOD、DO。除标准规定的监测项目外，有时还要根据污染源和污染情况的不同，对不同水体增加某些特定的监测项目。

产地土壤监测。土壤是指陆地上能生长作物的疏松表层，它介于大气圈、岩石圈、水圈和生物圈之间。土壤监测是产地环境监测的重要内容之一。土壤污染来源于工业污染、农业污染和生物污染。它们通过水、气、固体废物等进入土壤。常见的土壤污染物有重金属、有机污染物、有毒微量有机污染物、农药和病原菌等。

（2）农业投入品质量监测

农药管理与使用安全。农药使用严格按照国家颁布的 GB/T8321.1—8321.7《农药合理使用准则》和 GB4285—1989《农药安全使用标准》执行。在生产中不得使用剧毒、高毒、高残留农药和国家明文规定不得在农作物上使用的农药；设立专门的农药仓库和保管人员，保管人员应核对农药的数量、品种和"三证"（登记证、生产许可证、产品标准号）后，方可入库；尽量减少化学农药的使用，积极使用生物农药，根据病虫害发生情况或有关技术部门的病虫情报，指导用药，做到适时防治，对症下药，并注意农药的交替使用，以提高药效，严格掌握农药使用的安全间隔期，安全合理使用农药，及时做好农药使用的田间档案记录，配合检测部门严格防止农产品农药残留超标。

化肥管理使用安全。严格执行肥料合理使用准则，加强肥料养分资源的综合管理，建立科学合理的施肥技术，提高养分资源的利用效率。根据作物生长需要平衡施肥，使用经过无公害处理的有机肥及配合使用配比合理的无机复合肥，施肥以有机肥为主，化肥为辅；以多元素肥料为主，单元素肥料为辅；以基肥为主，追肥为辅；肥料应按种类不同分开堆放于干燥、阴凉的仓库贮存；避免因环境因素造成肥力损失和环境污染；外来肥料必须"三证"齐全；不施用城市垃圾；及时做好肥料使用的田间记录。

种子管理使用安全。种子的生产和管理应严格按照国家颁布的GB4404《粮食作物种子》执行，搞好种子质量检验，严把种子质量关，杜绝假冒伪劣种子进入市场，保护农民利益，增强种子生产者、经营者的优种意识，确保农业生产安全用种。无公害农产品生产严格控制种子来源，购买和使用的种子必须具备种子生产许可证、种子质量合格证；引进种子必须有检疫证明；有专门的种子仓库和保管人员，种子应有详细的进库、出库记录；过期种子应及时清理。

（3）农产品质量监测

农产品质量包括两个方面的内容：一是产品的品质质量，包括外观、口感、营养、耐贮性等；二是产品的食用安全性，即安全质量。《中华人民共和国农产品质量安全法》称农产品质量安全是指农产品质量符合保障人的健康、安全的要求。就农产品而言，其质量特性至少包含功能性、可信性、安全性、适应性、经济性和时间性等六个方面。

（1）功能性。外观功能包括农产品的状态、造型、光泽、颜色、外观等，使用功能包括农产品的营养、感官、保健功能以及包装物的保藏功能。

（2）可信性。农产品的可用性、可靠性等，即农产品在保质期内具备规定功能的能力。

（3）安全性。农产品在生产、储存、运输和消费过程中，能保证对人体和环境的伤害或损害控制在一个可接受的水平。

（4）适应性。农产品适应外界环境的能力，包括自然环境和社会环境。

（5）经济性。农产品对生产者和消费者来说经济上是合算的。经济性是农产品市场竞争力的关键因素。

（6）时间性。农产品在数量上、时间上满足消费者的能力。农产品具有季节性强的特点，且生命周期很短。

农产品品质实质上指的是农产品质量，其内涵系营养品质、加工品质和商业品质等的总称。为了能够定性定量地使农产品质量特性这个名词具体反映农产品的适用性，一般把农产品质量特性分为五类：①内在特性。由农产品的理化性能体现，主要包括产品的结构、物理性能、化学成分、精度、纯度等。②加工特性。指对加工过程有影响的原材料特性，主要包括形状、外观、色泽、音响、气味、包装等。③感官特性。指通过人类感觉器官来判断农产品的特性。④安全卫生状况。主要指农产品中重金属元素（如砷、汞、铬、铅、镉等）和亚硝酸盐、黄曲霉毒素等含量，农药残留量以及细菌、激素等其他有毒有害物质含量。⑤农产品使用的指标值。主要是指可靠性（如成熟度、保质期、保鲜期、货架期、贮存方法、干重等商业特性）。

第三节　农业信息化体系

我国农业发展的轨迹经历了新中国成立初期的土地革命时期、农业合作化运动和人民公社化运动时期、家庭联产承包责任制时期。当前更需要以家庭联产承包责任制为主，积极实施土地多样化经营，尤其是规模化、专业化、产业化经营，这是长期以来我国农业在产出效率、经营规模、国际竞争力等方面明显逊于发达国家的事实所决定的。按照世界平均的农业劳动生产率计算，我国农民隐性失业约两亿劳动力；若按照发达国家的平均农业劳动生产率计算，我国农民隐性失业约为 2.5 亿；若按照美国平均的农业劳动生产率计算，我国农民隐性失业约为 3 亿。我国要想扭转这种不利局面，就必须顺应时代发展的需要，积极推进农业现代化建设，尤其是信息化建设。

一、农业信息化的内涵

信息化农业是指以农业信息科学为理论指导，农业信息技术为工具，用信息流调控农业生产、管理、农资及农产品市场等活动的全过程，以信息和知识投入为主体的可持续发展的新型农业，通过信息网络把农业领域、环节紧密地连接起来，是农业现代化的高级阶段。

农业信息化主要包括以下内容：①农业技术信息化，如精准农业、农业专家等；②农业环境信息化，如气候预报、病虫害测报等；③农业经营信息化，如农产品交易信息等。

信息农业的基本特征可概括为：农业基础装备信息化、农业技术操作全面自动化、农业经营管理信息网络化。信息技术的进步促进了市场经济的发展，市场经济的繁荣刺激了需求的增长和竞争的加剧，需求和竞争的增强推动农业的产业化管理及高新技术的广泛利用。

农业信息化实质上是充分利用信息技术的最新成果，全面实现农业生产、管理、农产品加工、营销以及农业科技信息和知识的获取、处理和合理利用，加速传统农业的改造，大幅度提高农业生产效率、管理和经营决策水平。促进农业持续稳定高效发展。农业信息化中的信息技术是指以微电子技术为基础的计算机技术、通信技术、自动化技术与现代农业技术相结合形成的处理农业各种信息采集、处理、传播、储存等方面的技术。农业信息技术应用范围包括生产、管理和经营等各个领域，并且贯穿在产前产后全过程。在未来的信息化农业系统中，信息技术将成为农业生产系统中不可或缺的生产要素。没有信息技术的应用，农业生产效率要大大降低，甚至在某种情况下，农业生产难以进行。农业信息化过程也就是信息技术与农业现代技术相结合，改造传统农业，建立农业生产新体系的过程。

因此，农业信息化的内涵至少应包含：农业从业人员知识化、农业生产设备的自动化和农业生产调度、管理过程的网络化以及农产品经营的信息化等方面的内容。

二、农业信息化对农业发展的影响

（一）农业信息化提高农业资源利用率

在农业生产过程中，必须合理利用农业资源。才能提高农业资源利用率。虽然应用传统现代化的技术和方法，同样也可以达到这个目的，但是总成本太高，时间效率低。而应用信息技术管理农业资源时，就可以大幅度和高效率地开发利用各种农业资源。

（二）农业信息化提高农业生产管理水平

农业生产管理包括农田基本建设、农作物栽培管理、农作物病虫害防治、畜禽饲养管理、养殖管理等各个方面。通过上述领域的信息化和自控化，实现信息的自动传输和计算机自动控制，由计算机分析数据进行模运算，确定最佳的管理办法，从而大大提高农业生产效率和管理水平。例如，在农作物栽培管理领域，现在国内研制的多媒体小麦管理系统 MR 和玉米栽培模拟优化决策系统 MCSODS 都可以应用于生产。

（三）农业信息化提高农业经营管理水平

应用信息技术创造的智能工具改造和装备农业部门，建立上下左右相互联通的、能够承载大量和不同层面信息的、畅通有效的信息高速通道，即农业信息网络体系。可为农业经营管理决策者做强大的物资技术准备和提供丰富、高效、畅通的信息通道，将农业生产经营管理提高到一个新水平，解决管理效率低、调控不及时等问题，促进管理科学化、合理化和最优化，加快农业的全面发展。例如，以美国为代表的发达国家农业进入网络化以后，农场数目减少 2/3，农场规模扩大了 2 倍，农业生产率提高了 3.3 倍。法国是世界食品加工产品第一出口大国，农产品出口居世界第二位，其中一个重要原因就是农业信息化比较发达，有50%的农场主使用计算机介入管理并获取信息。

（四）农业信息化提高农业市场流通率

市场经济是信息引导的经济，农业市场化要求必须按照市场经济原则去认识、指导农业的自然再生产和经济再生产过程，用市场机制实现产前、产中与产后的有效衔接，处理好农业生产、分配与消费的动态关系，使农业顺利进入市场，使农业供求关系在市场中不断获得新的平衡。农业信息化为实现上述各方面的有机衔接、运转提供了强大的物质技术手段，大大提高了农业市场流通率。

（五）农业信息化带动农民生活素质现代化

目前我国农业科技成果很多，由于信息交流不通，相当一部分科技成果不能及时转化成为生产力。通过农业科技信息化了解科技动态、掌握科技信息，加快农业科技成果交流，增加农民收入。

国际与国内的农业教育联网，使优秀的教授和课程可以在任何地方进行传播交流，广大农民和农技人员可在家中或学校，通过计算机网络、多媒体软件学习各种农业知识。农业教育的信息化将大大加快农业科技普及，加快提高农民科技、文化素质的进程。

（六）农业信息化加快了农村发展水平

利用信息处理和传输技术，了解掌握农业社会经济文化情况、农村人口变化、科技教育普及程度、农民收入水平、农村道路、能源卫生、农民房屋建设、小城镇发展等，直接关系到农业发展、农村的富裕与进步，并以此来制定发展规划、政策和措施。

（七）农业信息化加快农业产业化进程

粗放型农业经济增长方式投入多、产出少，技术进步缓慢，结构不合理，产品质量差，附加值低，资源浪费严重，经济效益低，对农业生态环境破坏比较严重。农业信息化可促使农业经济增长对物资投入的依赖趋于减少，而越来越多地依靠信息技术的投入，加快农业产业化进程。还可以减少农业对自然生态环境的不利影响，使农业系统的可控性增强，节约物质资源，提高农产品的质量，增加其附加值，以便于人类的可持续发展。

三、农业信息化与现代农业

（一）农业信息化与现代农业的关系

1. 现代农业生产需要信息技术的支撑

随着农业生产技术水平的提高，农业高新技术的应用，例如新品种、新材料、新工艺的采用，农作物和动物饲养对自然环境和条件的控制需要更加严密和精确。及时提供信息，例如气候条件，各种水热条件需求，加强对自然环境的控制，现代化农业的先进技术必须有信息技术的支持，现代农业技术的应用必须依靠信息技术去获取、处理、分析数据。农业生产技术的提高，意味着对信息技术的依靠程度也就越高，这是未来的发展趋势。

2. 现代农业要求现代化的管理

农业生产水平的提高不仅表现在农业新技术的采用上，同时也体现在高水平的管理上。农业信息技术中的管理信息系统（MN）和决策支持系统（DSS）技术在其中将发挥重要的作用。现代化的农业必然是集约化和产业化的农业，现代化农业必须达到一定规模，必然摆脱一家一户式的传统农业经济模式。管理信息系统和决策支持系统将能帮助农业生产进行成本核算和利用最小投入获取最大利润，从而提高农业生产的效益。可见现代化的农业管理不能没有信息技术的支持。

3. 信息技术将有助于现代农业生产技术传播

当前，我国大部分农业从业人员的科学技术知识水平低，科技种田的素质有待提高。在我国农村地区组织"科技下乡"或"科技集市"都能吸引很多农民热诚参加，说明他们对新技术的迫切需求。农业信息技术优越性之一是信息的快速传播。信息技术通过网络和多媒体技术把农民急需的专业生产技术和最新的应用经验快速地传播到各地，打破时间和空间的限制，农村中的农业和农技人员可以从网络中获得最新技术去指导农民实施。随着新一代农民知识水平的提高和网络的发展，他们可直接从网上获取最先进的农业生产技术而很快地运用于生产之中，信息技术在农业生产技术的推广和提高农民的科技素质方面起到至关重要的作用。

（二）农业信息化是现代农业发展的必然趋势

1. 国外农业信息化推动着我国农业信息技术的发展

农业信息化初始阶段可以从计算机在农业上的应用算起。目前，欧美国家农业信息技术已进入产业化发展阶段。在发达国家，信息技术在农业上应用最快最广的有以下方面：农业信息处理和获取、农业系统模拟、农业生产管理、农业专家系统、农业计算机网络、农业决策支持系统、农业信息实时处理。农业中得到应用信息技术主要包括：计算机、信息存储和处理、通信、网络、人工智能、多媒体、遥感、地理信息系统、全球定位系统等。在发达国家信息化的影响下，我国从 80 年代以来，开展了系统工程、数据库与信息系统、专家系统、决策支持系统、遥感技术（RS）、地理信息系统（GIS）以及全球定位系统（GPS）等技术应用于农业、资源、环境和灾害方面的研究，已取得许多重要成果，有些已达到国际先进水平。

2. 农业信息化是农业可持续发展的需要

在现代化建设中，必须把实现可持续发展作为一个重要战略。要把控制人口、节约资源、保护环境放到重要位置，使人口增长与社会发展相适应，使经济建设与资源、环境相协调，实现良性循环。节约农业资源是实施农业可持续发展的基础之一，是核心内容。农业资源，例如土壤、土地、气候、植物和水等，是广泛分布在地球表面、并且不断地变化的自然资源。要想合理利用农业资源就必须掌握它们的分布、性质及其利用的变化，并取得现时性资料，这用常规技术是无法实现的。科学实验已经证明，只有运用包括卫星遥感技术、地理信息技术、全球定位技术、空间分析技术、模拟模型技术、网络技术和人工智能技术等综合的现代信息技术，建立农业资源信息系统，才有可能及时地为国民经济建设提供现时性的环境资料，并为领导或经营者提供决策咨询方案，以提高领导农业生产的主动性。

3. 农业信息化是社会经济与科技发展的必然产物

随着社会经济的发展，以计算机为支撑的信息化浪潮正在全球兴起，正在向信息化时代迈进，现代信息化技术正在迅速向农业领域渗透，建立农业信息科学势在必行，而且第二产业和第三产业的迅速发展为农业信息化提供了条件。同时，电子技术、机械工程学、生物工艺学、土壤物理学和土壤化学的进步使农业信息革命成为可能。

（三）农业信息化是现代农业发展的必然要求

现代农业要求运用高科技含量的现代农业技术和设备武装农业生产的各个方面，而农业信息化是保证农业科学技术快速武装到农业各个领域的必然途径。现代农业建设需要软硬两方面的支撑，其实现要以农业信息化和农业信息技术为重要依托。农业信息技术作为软支撑部分，将通过收集、加工、传递、应用各类信息，使硬支撑部分的潜力充分发挥。农业信息化将使农业生产、加工、销售等农业产业经营者更快得到新的知识，加快科学技术的应用速度，促进农业实用科学技术全面普及推广，避免农业管理决策部门在决策时由于信息不全或信息迟缓造成偏差，不断提高农业科学管理和决策水平，并通过网络进行远程技术培训和教育，促进农民文化素质的提高和科技意识的增强。它还促使农业由原始的以"牛耕人种"为代表的粗放经营方式向现代的以机械为代表的集约经营方式迅速转变，从而加快农业现代步伐，促进农业生产的持续稳定、健康发展。

四、以信息化促进农业强国建设实施路径

（一）加快我国农业信息化体系基础建设

1. 加强信息化的基础设施建设

首先，要完善农业信息化的投入机制。政府应将各类农业信息视作公共产品，引导社会各界广泛参与到农产品信息的收集、整理、汇总统计工作中来。应积极动员、统筹协调、整合汇集社会各方面力量，着力拓展农业信息化建设的投入渠道。重点引导各类通信运营企业积极参与农业信息化网络建设，因为这些企业既包含网络基础设施建设，也包括关键核心技术的研发、推广应用，而且自身资金实力相对比较雄厚，对农业信息体系建设举足轻重。其次，各地要根据自身实际，尽快建立相对完整的农业信息网络体系，加大农业信息基础设施建设，推动信息网络软硬件的升级换代，用大力气建好农业信息数据库，同步推进自动化监测预警体系、控制体系、决策体系的研制、开发与推广应用。

2. 加强信息资源建设

农业信息资源的建设包括信息的开发、采集、整合以及系统化等一系列过程。首先，要建立完善农业信息指标体系，调整布设信息采集监测点、开发统一信息采集软件，建立标准统一的信息数据库，提高信息采集的实效性。其次，要加紧完善农业系统内的信息共享机制，避免信息资源的重复建设。要加强对信息的分析处理，提供综合信息分析意见，增强信息的科学性和指导性。最后，相关部门要建立健全信息发布制度，尽快形成制度化、规范化的信息发布工作。各级部门要根据本地区实际，研究制定信息发布制度，开辟发布窗口，拓宽信息发布渠道。

3. 建立以各级农业部门为主，以民办为辅的多种形式、多种层次的农业信息服务体系。

对我国信息服务主体的服务范围应该进行科学的界定，不同层次、不同部门设立的农业信息服务机构，应根据各自的职能和服务对象，确定信息服务的领域和范围。国家农业信息部门和省农业厅承担一些主要职能，包括发布农业高新技术信息，举办各类培训班，组织专家、学者授课和发表文章，等等。各类行业协会和中介组织提供农产品供求、农业生产资料供求、农业实用技术等信息服务。高等院校以及科研机构应该提供新产品、新技术的推广应用信息。各级农村信息化咨询机构需要复合型农业信息化人才，既要熟练掌握信息技术，又要熟悉有关农业技术和市场。所以各级政府应当引导各高校调整专业设置、课程体系和培养模式，提高教学实习的质量，积极培养并及时向各级农村信息咨询机构输送复合型人才。同时颁布政策，鼓励高校毕业生到基层为农村信息化贡献自己的智慧和力量。各级农村信息化咨询机构必须开门服务，实行服务与科学研究相结合。即有计划地组织其员工深入农村了解农民的需要，研究服务农村的最佳途径；又要对其员工进行在职培训，保持该类机构技术上的先进性和管理上的科学性。同时，有计划地选拔和培养农村信息化咨询机构的管理人员队伍，提高农村信息化咨询机构人力资源管理水平。

（二）加快农业信息资源硬件建设

1. 农业数据库建设

数据库建设是信息资源开发的重要手段和表现形式，是网络环境下农业信息资源开发利用的核心条件。农业信息网络如果没有各种信息数据库的支撑，不可能发挥其网络建设作用。网络建设是"路"，网站建设是"车"，而网上数据库才是"货"。有路、有车、有货才能真正发挥作用。随着农业信息化的不断深入发展，人们对农业信息服务的需求也不断增加，扩大和加强农业数据库建设已经成为我国农业信息化建设的当务之急。建立农业数据库，包括环境信息、农业资源（土地，土壤，气候，水）库、农业科技成果、农业期刊、品种农业生产资料等。此外，还要加强与农业生产经营有关的各种农业知识库建设，如馆藏农业文献数据库、农业实用技术数据库、农业人才数据库、作物病虫害多媒体知识库等。

2. 农业生产管理专家系统

农业专家系统综合了大量农业专家的经验，把分散的、局部的单项农业生产技术综合集成起来，经过智能化、综合性的信息决策处理，能针对不同的生产条件，给出最佳的农业生产管理解决方案，为农业生产全过程提供高水平的信息和决策服务。引进农业专家系统平台，研制面向全国农村农民使用的粮食作物、经济作物、蔬菜、瓜果、畜禽等的农业生产管理专家系统，可以极大地提高农业生产效率。

3. 农业地理信息系统

农业地理信息系统就是对农业地理空间关系进行模拟、对与农业地理空间相关的农业信息进行管理的一种信息系统。通过该系统可以实现对土地资源、森林资源、农业气象条件、农作物生长情况等进行立体的、多角度的、可视化的描述和相关信息的综合开发利用，可以说是一种立体的农业地图建立面向农业资源管理和宏观决策的农田地理信息系统，对农田土壤类型、土地生产力、水土保持、环境污染，环境绿化等进行空间信息分析，为生产目标确定、制定持续稳定发展生产的规划和年度计划提供科学依据。

4. 农业多媒体信息系统

多媒体技术，是利用计算机对文本、图形、图像、声音、动画、视频等进行编码、解码、存储、显示、控制等，以建立逻辑关系和人机交互作用的综合信息技术。实现农业信息可视化、形象化，需要借助电脑、手机、投影仪等设备，通过设备间的有机组织，应用特定的信息技术，以实现图、文、声、像一体化。因此，多媒体技术具有专业性、集成性、交互性、数字化、实时性等特征。开发一批实用的农业多媒体信息系统，是培育新型职业农民的需要，这些技术包括但不限于常用蔬菜栽培技术、常用果树栽培技术、常用畜禽养殖技术、常用果蔬病虫害防治技术、常用畜禽传染病防治技术等。

（三）加快农业信息资源软件建设

1. 加快农业信息科技人才的培养

高素质的专业技术队伍和高素质的创业型人才是推进农业信息化建设的重要保障。一是抓好现有人才的培训提高，特别优秀的要选送到国外深造；二是到有关院校定向接收优秀学生；三是要创造良好环境、大力引进国外优秀科技人才，凡是高精尖人才，要以最优惠的条件吸引他们来参加农业信息化建设。总之，要采取切实有力的措施，抓好农业信息技术、农业信息经济、农业信息管理三类人才的培养和引进，大力造就一支适应农业信息化进程各层次、各方面需要的专业人才队伍。

2. 重视和强化政府的主导作用

农业信息化建设是一个跨地区、跨行业、跨部门、多种技术集成的社会系统工程，需要在政府的统一领导下，充分发挥各方面的积极作用、统一规划、分工协作，才能顺利实施。一方面，政府要行使对农业信息化建设的组织和管理职责，制定我国农业信息化发展的中长期规划、确定主要目标、进行重点突破，制定一系列规则约束市场各方面的行为、维护农业信息化主体的权益；另一方面，政府要加大对农村信息基础设施建设的投入力度，主要包括农业信息系统的硬件建设、农业科技信息数据库和多种信息产品的研制开发，提高农业信息处理和应用水平。

21 世纪，谁掌握了信息技术，控制了网络，谁就将拥有整个世界。随着人工智能、大数据等新一代信息技术的兴起，各行各业融入信息化的进程正在加速推进。信息化是当今世界经济和社会发展的大趋势。农业科技的发展证明：农业信息化已成为现代农业经济发展的主旋律，在农业生产力发展中显示出无比强大的推动力。农业信息化不仅使发达国家农业的原有优势得到越来越充分的发挥，而且使其原有的劣势逐步改善消失，极大地提高了农业生产效率和农产品的国际竞争力。因此，迫切需要应用农业信息化来提升农产品的产量、质量和安全性，增强农产品在国内国际市场上的竞争力，实现农业的持续健康和高质量发展。这就需要政府从政策、资金、人才等方面支持农业信息化建设，进一步夯实农业信息网络基础，高度重视农业信息化"卡脖子"技术科研投入，加强国际合作与交流，促进我国农业信息化的发展。

第四节 农业生产社会服务体系

农业生产社会服务是贯通农业生产产前、产中、产后各个过程，辅助农业现代化建设的重要内容。为满足农业生产发展的需要，与农业相关的经济组织围绕农业生产部门，为直接从事农业生产的经营主体提供各种服务，因此形成的网络体系，即农业生产社会化服务体系。发达国家经验表明，农业生产社会服务体系越发达，农业现代化程度越高，产业化越强。了解农业生产社会化服务，分析农业生产社会化服务现状，对于提高农业生产效率，促进农业现代化发展具有极其重要的作用。

一、农业生产社会服务体系概述

农业生产社会服务体系是指与农业相关的社会经济组织，为满足农业生产的需要，为农业生产的经营主体提供各种服务而形成的网络体系，具有服务性质社会化、服务主体多元化和服务内容系统化的特征。农业社会化服务是伴随农业生产由分散的、孤立的、自给自足的小生产方式转变成分工细密、开放协作的商品化农业生产过程，是发展农业产业化和建设农业强国的客观要求。农业社会化服务体系是否完善，是衡量一个国家农业商品化和现代化程度的重要指标。

（一）基本内容

农业社会化服务是运用社会各方面的力量，使生产规模小、经营效益差、市场化程度低的农业生产单位，围绕农业生产部门而形成的一种现代农业分工体系，也是获取规范化、专业化生产效益的一种社会化的农业经济组织形式，其所涵盖的内容相当广泛。从服务的内容看，包括但不限于供应服务、销售服务、加工服务、信息服务、技术推广等。如为保持流通渠道的畅通，提高农产品的商品率而建立的加工、储藏、物流、销售和信息服务系统，以及农业生产资料产供销系统；为提升农业生产基础而建立的梯田整顿、水利机电建设等；为加强农业劳动协作能力而建立的生产合作组织；为提高农业生产技术水平而建立的农业技术研发与推广服务；为提高农业劳动力素质而建立的技术、信息培训服务。

（二）主要表现

农业社会化服务在推进农业企业生产专业化、规模化等方面有着极其重要的作用。（1）促进农业企业分工专业化。随着农业社会化组织的发展，其分工进一步精细化，生产项目也由多到少，由分散向集中。同时，也促进了农业生产地域分工的专业化与深度协作。每个地区凭借自己的优势，在农业产业链的某个环节上更加专业，更加精细，形成了自己的特色产业。（2）促进农业企业规模扩大。在粗放经营条件下，一般表现为耕地（或农业用地）扩大，劳动力增加，简单协作明显；在集约经营条件下，一般表现为资金增加、技术密集、劳动力减少、分工精细，二者均表现为企业商品产值的增加。（3）促进农业生产过程专业化。农业生产总过程由一个企业单独完成，转变为由若干专门从事某一环节或某一阶段经济活动的企业共同完成，从而出现了农业前、农业中、农业后部门，出现了分布在这些部门中的社会服务组织。（4）促进农工商一体化。农业生产总过程由农业部门单独完成，转变为必须依赖工业、交通运输业、商业等部门与之密切配合来完成，从而出现三产深度融合。（5）农业商品化。农业由自然经济、半自然经济向商品经济转化。通过商品生产与商品交换，实现各企业、各地区、各部门之间的分工协作。上述这些转变，使农业生产的目的由满足生产者本身的需要变为满足社会的需要；使农业生产本身从个人行动变为社会行动；使农产品从个人生产成果变为企业分工合作的社会化生产成果；使农业中的生产资料由个人提供变为由整个社会提供，从而使农业生产日益具有社会性。

（三）农业生产社会化服务优势

1. 解决"三农"问题的首要基础

随着我国工业化和城镇化的加快推进，尤其是西北地区工业普遍比较落后，大型企业相对较少，容纳劳动力极其有限，大量农村青壮年劳动力不断向东南沿海城市转移，农村老龄化、空心化问题十分严重。所以，发展农业生产社会化服务体系，通过建立专业化、统一化生产服务，代替一家一户个体劳动，提高农业生产各环节运作效率，降低耕种成本，是解决目前"谁来种地"这一重大问题的最现实有效的举措。

2. 提高农业现代化水平的迫切需要

近年来，农业产业结构不断调整以及产业组织形式不断创新，使发展农业的要素成本和要素使用的机会成本不断上升，需要通过发展农业生产社会化服务体系，利用分工协作优势，发展规模经营、集约经营，引导分散生产向专业化、区域化、标准化生产方向发展。

3. 巩固和完善农村经营模式发展的内在要求

当前，农业生产社会化服务处于初级阶段，在将来的一段时期内，一家一户的生产经营仍然是我国农业生产的主要模式。发展农业生产社会化服务体系，有利于推动外出务工的农民、已经脱离土地且城镇化的农民、不愿意继续耕种的农民将家庭承包经营的土地流转出去，让新型经营主体代耕、代种、代管、代收，从而实现农业生产规模化、组织化、专业化。农业生产社会化服务的普及和推广，对探索土地规模化经营、农业服务专业化、社会化的新型农业经营道路提供了便利。

二、农业生产社会化服务现状

发展农业生产社会化服务就是运用组织形式解决生产力发展的问

题，是实现农业现代化的基础力量。以家庭联产承包经营为基础，统分结合的双层经营体制在一定时期内促进了农业生产社会化服务的发展。但是随着市场经济的发展，个体农户因难以抵御市场风险、生产主观随意性大等原因越来越难以适应市场变化和发展的要求，小农户与大市场之间的矛盾日益激烈，传统的农业发展方式急需转变。

发展现代农业，就必须建立健全农业生产社会化服务。到目前为止，我国已经初步形成了一个贯穿产业链条、多主体参与的农业生产社会化服务，但仍然存在服务成本高、服务水平较低、交易风险大等问题，这与农村经济繁荣和农业现代化对农业服务的需求相比仍有很大差距，"服务农户"的效果远没有真正实现。

（一）农户劳动力特征

当前，我国农业劳动者素质普遍偏低，新型农民培训机构数量少，培训内容偏理论的多，实践的少，不能满足农业现代化发展需要。具体体现在：一是我国农村劳动力文化水平偏低，农村的劳动力绝大部分是被城市工商业淘汰的文化程度低于九年义务教育甚至以下的农民，或者是已经到了高龄的，不被城市接纳而被迫回到农村的老年人。现代农业是现代科技的集约，是具有现代产业组织特征的农业，要求从业者具有较高的文化素养和技术水平，而且，现代农业发展必须紧跟市场变化，要求经营者具备市场竞争意识、灵活经营技能和科学管理能力。显而易见，现有的农村劳动力能以支撑起现代农业发展的内在要求。二是农村劳动力"老龄化"严重，高龄老人从事农事生产已经成为农业生产常态。如果说全中国的平均老龄化程度是18.7%的话，那么80%是集中在农村的。在西北干旱半干旱山区，农业靠天吃饭成为千年不变的定律，加之工商业发展严重滞后，青壮年劳动力只有在重大节庆及重大事务时点，才会返乡，其余时间均外出务工。农村劳动力不足，能力严重退化，素质无从谈起，人畜种养的传统农业尚在艰难维系，依靠高科技种养的现代农业更是遥遥无期。三是农民培训体制机制不健全，不能够满足新型农民培育的需要。当前，大多数的培训是由科研院所或高校专家教授主持的，这些专家教授在现代农业前沿性方面的见解绝对是权威，但是容易忽视受训主体的文化素质，不能运用通俗易懂的"方言""土话"给老百姓解释清楚如何种、如何养、如何防（病虫灾害），而且很多专家长期守在实验室，对地方土壤、气候、环境、习俗等实际情况了解不明，培训内容缺乏说服力。当然，现实中还存在培训机构或缺乏实践经验，或知识结构老化，或被动地、应付式培训，制约了培训效果和人才选育储备。

（二）农户生产经营情况

第一，在家庭经营规模较小，农业劳动力又呈现三化（低质化、老龄化、空心化）趋势的背景下，农民专业合作社、农业龙头企业、家庭农场等新型的农业经营主体不断涌现，对农业生产社会化服务提出了更高的要求。第二，在农业市场化不断深入的背景下，具有公共产品性质的农业生产服务供给既存在市场失灵问题，又存在政府失灵问题，建立适应农业新阶段特征的新型农业生产社会化服务体系迫在眉睫。第三，农业发展方式的转变和农村基本经营制度的完善必然要求一个覆盖全程、形式多样、综合配套、便捷高效的生产社会化服务体系来支撑。

（三）农业基础设施

第一，资金投入不足。虽然国家和地方政府投资到农业上的资金连年持续增长，但由于农业基础设施历史欠账较大，当前投入的资金又需要兼顾农业各个方面，真正用于改善农业基础设施的资金相对有限。第二，基础设施保障能力下降。由于种种原因，西北地区总是有部分农业基础设施维修保养工作不够全面细致，部分设施防洪排涝能力退化严重，部分设施年久失修、功能老化，部分灌区河道淤积严重。总体来说，农业基础设施建设滞后于当前经济发展水平。第三，认识不深，重视不够。长期以来，西北地区不是国家产量的重点区域，且受"靠天吃饭"的传统观念影响，农民种粮的积极性不高。由于对农村基础设施的性质和作用认识不清，缺乏统一科学的规划及强有力的措施保证，没有在经济发展的同时保持农业基础设施建设的同步发展。农业基础设施建设远远落后于经济发展水平，不仅在存量上与新时期农业的发展不相适应，而且在增量上也不能满足新时期农业发展的要求。

（四）农业销售服务

第一，农产品生产规模小、数量少，严重制约着农产品的销售和营销策略的制定。第二，没有良好的种植计划，造成部分地区供过于求，使农产品销售价格下降，给农民带来巨大的经济损失。第三，销售渠道单一，以初级产品为主，缺少深加工产品。大部分农产品的销售渠道主要是：农户自己到集市零售，农民把农产品卖给收购的商贩。初级产品缺少相应的技术含量，销售价格低。第四，销售信息流通性、公开性差，农户与消费者之间的需求供给信息交互性不完善，农户种植农作物通常是根据习惯性经验或周边地区农户种植情况，农民缺少对市场的了解。同时，销售信息的不流通性导致消费者有需求但找不到购买的渠道，严重制约了农产品的销售。

（五）金融、信息、技术服务

农业生产社会化服务体系影响因素主要有农户资金收集、产业链持续发展、农业技术、农业信息、信息来源渠道等。学者们提出农业本身特点和农业现实的经济与环境是农户对农业技术采用的主要影响因素。但信息技术不易获取、采用的风险和农户所付出的代价，有无替代品及其他不利条件等，这使农户对技术需求不足和技术进步停滞。农业金融服务体系的不健全和体制改革滞后，成为农村经济全面、协调、可持续发展的羁绊。支农服务体系不健全、农村信用社包袱沉重、金融服务手段单一、农业保险发展滞后、农村资金外流严重等现象依然严峻。我国农业技术服务及技术推广存在很大的问题。长期以来，我国每年产生的农业科技成果，单就数量而言的确不少，但仔细分析成果内涵，适宜推广的实用技术成果却相对较少。农业科技用户的需求欲望高、有效需求力低；政府推广农业技术效率不高、与市场相适应的推广体系不健全、电子化农业推广渠道不完善等问题依然严峻。

三、现代农业生产社会化服务体系构架

（一）组织构成

1. 公共服务机构

公共服务机构是提供农业生产社会化服务最主要的支柱力量，其运行需要依靠国家财政支持，提供的服务具有福利性和公益性特点，这类机构包括涉农行政部门及派出机构、政府牵头设立科教文卫等事业单位、涉农公益性集体经济组织、科研院所等。涉农行政部门主要包括农业、林业、科技、畜牧、文化等部委、厅局，主要为农业生产社会化服务提供制度供给、政策设计、发展规划等；涉农派出机构主要包括驻守在乡镇、村部的农机站、水利站、农技站、林业站等，为农业生产社会化服务提供免费公益性技术指导；涉农公益性集体经济组织有供销社、信用社、部分由政府牵头设立的农民专业合作社，为农业生产提供公益性的物资供销、信贷融资、防病治虫、技术指导、市场推广等方面的服务；科研教育事业单位主要以农业院校和农业科研机构为主，为农业生产提供技术指导和咨询、农技推广、人才培养与教育等服务。公共服务机构是公益性服务的主导供给者，为农民的生产和生活提供各种服务，在农业生产社会化服务体系中处于支柱地位，其本身不以营利为目的，服务多数为免费或低偿的。

2. 龙头企业

龙头企业是指在市场经济条件下，以营利为目的，从事农产品生

产、收购、加工和销售一体化经营，规模和营业指标达到标准并经政府有关部门认定的企业。龙头企业是农业生产社会化服务体系中的骨干力量，是农业产业化经营的开拓者。龙头企业按照市场规律，遵循等价交换原则，通过一系列的利益联结机制与农户合作，带动农户发展，并提供商业性的生产社会化服务。随着龙头企业的发展，农业产业化模式出现了"农户+龙头企业"和"农户+合作社+龙头企业"两种模式。"农户+龙头企业"模式是龙头企业和农户签订合同，按照合同要求，对农户生产的农产品进行收购、加工和销售，并为农户生产提供相应的服务。"农户+合作社+龙头企业"模式是代表农户利益的专业合作社与龙头企业签订购销协议，增强了交易的稳定性，有效降低了交易成本和交易风险，提高了农户的市场地位。龙头企业是经营性服务的主要供给者，在农业生产社会化服务体系中发挥着带动作用。

3. 农业合作经济组织

农业合作经济组织是农业生产社会化服务体系中的基础力量，是指按照"民办、民管、民受益"的原则，农户自愿入股联合，解决农业生产问题，为农户提供服务和利益的一种合作经济组织。农业合作经济组织贴近农户生活，了解农户的需求，可以将农户有效地组织起来，其所提供的服务也较为灵活实用。农业合作经济组织主要涉及农资供应、技术指导、劳作服务、储藏运输和加工销售等综合性服务，提高了农产品的竞争力，降低了生产和交易成本。农业合作经济组织与农户息息相关，是市场经济发展和农村经营体制创新的产物，提高了农业规模化程度，既保持了农户独立经营，又避免了农户单独经营的局限性，是农业生产社会化服务体系的基础。

4. 其他社会服务组织

农业生产社会化服务体系的供给主体除了公共服务机构、龙头企业和农业合作经济组织外，还有其他社会服务组织力量。社会服务组织是在区域范围内自发形成的不同类型的服务组织，具有民间性和自治性特点。社会服务组织与公共服务机构、龙头企业和农业合作经济组织相比，制度正规性和组织水平较低，受到行政权力和企业资本的干预较少，包括服务联合体、研究会、农民技术协会、农民经纪人、农机租赁组织等。这些组织或个人可以直接和间接地加入农业生产社会化服务体系中，是农业生产社会化服务体系的补充性力量。

（二）主要功能

1. 公共服务机构的功能

公共服务机构作为非营利性服务组织，是公益性服务资源的供给主体，国家制定相关的政策以及政策具体的实施都是以这些机构为依托，近年来，随着国家财税改革的深化，部分地方政府的农村集体服务由于资金不足出现了供给断链的现象，导致服务功能异化。因此，政府公共服务机构的主要功能在于：投入和配置合理的基础设施和服务资源，建立有利于农业生产社会化服务运行的体制环境，鼓励市场和社会力量加入农业生产社会化服务体系，并对体系内的供给主体进行监督和管理，确保农业生产社会化服务最大限度地满足农业生产的发展。同时，科研教育单位作为公共服务机构的主要力量之一，也应将农业生产的科技创新、促进农业科技成果转化应用、培养涉农人才、培养新型农民、提高基层农业科技水平和服务能力作为自身的主要职能。

2. 龙头企业的功能

当前我国农业生产社会化服务体系面临如何提升农业生产社会化服务的水平和质量问题，需要借助市场机制在资源配置和优化结构方面的优势，特别是农产品市场化的领域，龙头企业可以充分发挥其作为市场主体的优势，有效地优化配置农业生产要素。龙头企业是现代化农业生产的核心，其主要功能在于：建立多种方式与农户形成利益共同体，使分散的农户与市场联结，为农户提供农业生产一体化服务，具体包括信息的采集与发布、农资供给、信贷保险、农技咨询、产品加工销售等。龙头企业通过一体化的服务，带动农户一起发展，农户可以享受到农业产业链条延长的收益，增加其收入。

3. 农业合作经济组织的功能

农业合作经济组织在农业生产社会化服务体系中，相对于凭借着资本与权力的龙头企业和公共服务机构，发展相对滞后。农业生产社会化服务体系的发展，需要协调体系内各供给主体的力量，促进体系平衡发展，应积极鼓励各类农业合作经济组织，完善农业生产社会化服务。农业合作经济组织的主要功能在于有效地将分散的农户组织起来，鼓励农户互相帮助共担风险，增强农户在市场中的竞争力。

4. 其他社会服务组织的功能

作为农业生产社会化服务体系中对公共服务机构、龙头企业、农业合作经济组织的补充，其他社会服务组织的运行机制既区别于政府机制又不同于市场机制，因此，这类社会组织兼具公益性服务和经营性服务的特征。其他社会服务组织的主要职能在于通过服务联合体、研究会、农民技术协会、农民经纪人、农机租赁组织等形式，弥补政府和市场不能触及的农业生产领域，为适应不同地区农业农村生产的发展提供有效且适用性强的服务。

四、农业生产社会化服务体系创新

(一) 农业生产社会化服务体系创新原则

1. 适用性原则

一个国家或地区的政治、经济、文化和社会将影响该区域服务的内容、标准和组织模式。我国幅员辽阔，各区域的自然和社会环境差异较大，这就决定了农业生产社会化服务体系的创新需要适应我国的基本国情，综合考虑、因地制宜、分类建设具有区域特色的服务体系。同时，满足农业发展和农户生产的需求是农业生产社会化服务体系建设的根本出发点。因此，农业生产社会化服务体系的创新应提高体系对农业发展和农户生产的适用性，需要持续完善需求表达机制，在服务供给主体和农户之间建立良性互动关系，使农户生产中的实际需求能够被各供给主体获取，确保农户能从农业生产社会化服务体系中受益。

2. 系统性原则

农业生产社会化服务体系是一个有机整体，由各个子系统组成，子系统之间相互联系、相互作用，共同完成农业生产社会化服务体系的系统功能。系统的重要特征就是系统总效用大于各元素效用之和。因此，在对农业生产社会化服务体系创新时，应坚持系统性原则，既要充分运用市场化手段，扩大社会分工，完善好每一个子系统，使各服务供给主体角色功能明确，发挥其应有职能；同时，也要增强各服务供给主体的协调联系，使分散化的服务转为综合化、一体化的服务，最大限度地发挥农业生产社会化服务体系的系统功效。

3. 可持续性原则

农业生产社会化服务体系的创新，要坚持可持续性原则，实现以人为本、全面协调的发展。同时，要提前预见和充分考虑我国农业生产社会化服务体系发展的新问题、新需求、新模式、新趋向，借鉴发达国家和地区的成功经验，使农业生产社会化服务体系保有可持续的动态更新能力。只有坚持科学的可持续发展原则，才能使农业生产社会化服务体系积极发展、充满活力，发挥长久的功效。

（二）农业生产社会化服务体系创新意义

1. 迎合农业生产社会化服务体系的要求

（1）经济新常态对农业生产社会化服务体系的要求。目前，我国正处于经济高速增长转为中高速增长阶段，经济结构不断优化升级，从要素驱动、投资驱动转向服务业发展及创新驱动的新常态下，农业依然在经济社会发展中居于基础地位，经济新常态对农业发展提出了加快发展现代农业、转变农业发展方式、推进农业结构调整、充分发挥市场决定性作用、提升农产品质量、保证食品安全的新要求。因此，农业生产社会化服务体系作为农业发展的重要保障，需要通过创新才能迎合经济新常态对其服务提出的注重农业创新技术和可持续性集约发展，充分利用市场的力量与资源，在保障产出高效、产品安全的同时，也要注重保护自然环境的新要求。

（2）新型城镇化对农业生产社会化服务体系的要求。在我国，传统城镇化出现了"土地城镇化"快于"人口城镇化"、城市发展不均衡、城乡收入差距大和社会公共服务资源分配不均等问题，为使整个国民经济健康、有序地发展，新型城镇化应运而生。新型城镇化要求以城乡统筹一体化、节约集约、和谐发展、生态宜居发展城镇化，不以牺牲农业、粮食和生态环境为代价，缩小城乡收入差距，以人为核心实现社会公平。因此，在新型城镇化的背景下，农业生产社会化服务体系需要通过创新，注重提高服务水平，保障农民利益，以农业技术创新为动力，发展高产高质、集约、生态的现代化农业生产方式，才能满足新型城镇化对农业生产社会化服务体系的要求。

2. 调节农业生产社会化服务供需失衡的要求

目前农户生产经营规模普遍较小，生产经营条件较差，对现有农业生产社会化服务普遍表示不太满意。农户对各种服务的需求程度由强到弱依次是农业科技服务、农业信息服务、农业生产资料供应服务、农业信贷服务、农机作业服务、农业基础设施建设服务、农业产后服务、农业保险服务。

第一，农户对农业生产社会化服务需求最高的是产中环节，涉及农业生产产中服务，如播种、施肥、打药、灌溉、机耕、收获等，使用社会化服务可以降低生产成本、减少劳动力支出、提高效率。第二，农业信息服务，包括提供销售信息、技术信息、价格信息、雇工信息、政策法律信息等，农产品的生产、销售需要一定的信息来源作为支撑，通过对信息的全面了解，才能应对市场需求及供给变化，从而做出对农户最有利的行为。第三，农业生产资料服务，包括农药、化肥、塑料薄膜、饲料、农业机械的供应。农户要想生产高质量产品，需要掌握农产品生长环境，如喷洒农药、施肥、控制温度等，这样才能为高产量生产提供条件。第四，农业基础设施建设、产前、技术等方面的服务。农业基础设施建设服务包括提供交通运输服务、通信服务、农田水利设施服务等方面；产前服务，如种子、种苗、种畜等供应；技术服务，如提供种植技术指导、养殖技术指导等。农户种植需要优良的种子、种苗、种畜供应，提供种植技术指导。同时交通运输便利、通信便利、农田水利设施便利，这样才能在最佳时期种植产品，提高产品产量和质量。第五，销售、金融、产后等服务。农产品销售服务包括农产品质量认证、品牌、统一销售、联系买家等内容，金融服务包括提供信用担保、介绍贷款渠道、组织农户集体贷款、提供农业保险服务方面，产后服务涉及保险、加工、包装、储存、运输、销售等。只有在产品质量有保证、金融服务有渠道、产品销售有方法、产品信用有担保的综合保障下，才能使农户扩大生产规模，提高生产模式。第六，农业机械服务是提供农用机械租赁服务。当前农户种植亩数少，生产规模小，对于少数大规模农户或企业，机械化服务仍是亟须解决的问题。

3. 推动新阶段农业发展目标的要求

新阶段农业发展的目标，在农业增产方面，维持农业产品高产出；在农民增收方面，不断缩小城乡收入差距；在农业竞争力增强方面，持续提高我国农产品出口数量和质量，加强农产品品牌建设，扩充农产品出口市场渠道，发展一批产业链条长、科技含量高、品牌影响力强、年销售收入超过百亿元的大型农产品加工企业集团；在农业可持续发展方面，建设资源节约型、环境友好型农业生产体系。从更加长远的角度来看，我国农业发展需要实现从传统农业向现代农业转型，农业生产经营方式由传统小农生产向社会化大生产加快转变，工农、城乡关系深度调整和互动融合，农村居民收入大幅提升以缩小城乡收入差距的目标。以上目标的实现，都需要农业生产社会化服务体系创新的推动。

第六章

构建农产品市场体系

加快形成统一、开放、竞争、有序的现代市场体系，是完善社会主义市场经济体制、促进经济持续健康发展的重要内容，也是党中央高度重视并反复强调的一项重要任务。新时期新阶段，构建完善现代市场体系，重点在于发展各类生产要素市场和完善可以充分反映市场供求关系、资源稀缺程度与生态成本的生产要素价格形成机制。

第一节　现代农产品市场体系理论概述

市场是现代农业服务的有效载体，现代农业是一个高度市场化的产业生产经营过程，市场在农业产业经营中具有决定性的作用。市场是农产品产业链施展魔力、获取高额利润和形成有效竞争能力的舞台。世界农业发达的国家大多拥有发达的国际性农产品市场，如荷兰就拥有世界最大的花卉拍卖市场阿什米尔、法国则拥有欧洲最大的鲜活产品批发市场汉古斯。

建设和培育农产品现代市场体系，对于发展现代农业、促进农业结构调整、持续增加农民收入和解决农产品难卖等方面的问题有着重要作用。近年来，我国农产品市场建设不断发展，市场体系逐步完善。但是，从西北各省农产品市场发展实际来看，目前的农产品市场建设还远远不能满足现代农业发展的需求，存在以下比较明显的缺陷和不足。一是投入和积累不足，区域性的国家级大型农产品交易市场数量不足；二是市场组织化程度低，网络尚不健全，集聚和辐射能力弱；三是市场建设的审批、管理存在政出多门、多头管理、低水平重复建设等问题，缺乏必要的规划和政策法规；四是市场的农产品质量安全检测体系不健全，给消费者的生活和健康造成潜在的威胁。

一、产业组织理论

产业组织理论，也称产业经济学，从微观经济学中分化发展出来的、以微观经济学为理论基础，是国际公认的相对独立的应用经济学科。不过，产业经济学虽然是一门实用性很强的经济学科，但在近十多年的发展过程中，它又有了自己的理论和方法，成为一门相当理论化的学科。简单地说，产业经济学以市场与企业为研究对象，从市场角度研究企业行为或从企业角度研究市场结构。

在西方，产业组织理论的发展不仅使自己的理论体系日臻完善，而且还影响了其他经济学科的产生与发展，如规制经济学就是在产业组织理论的基础上发展起来的，劳动经济学、国际贸易学、制度经济学等应用经济学科也深受产业组织理论的影响。此外，与产业经济学联系较多的市场营销学、公司治理、公司理财学、企业战略等工商管理学科也深受其影响。

20世纪70年代以来，由于可竞争市场理论、交易费用理论和博弈论等新理论、新方法的引入，产业组织理论研究的理论基础、分析手段和研究重点等发生了实质性的突破，大大推动了产业组织理论的发展。

实证方法是产业组织理论最基本的分析方法，它在整个产业组织理论方法论集合中占据着极其重要的地位，实证研究又分为理论研究方法和经验研究方法。就方法论而言，产业经济学也是一门具有强烈规范经济学色彩的应用经济学科，在有关理论的研究分析中，其有关判断或结论的得出都是以一定的价值观标准为前提的。

产业组织学中的经验性规律，大多是综合应用静态和动态分析方法的结果。静态分析常被称为横断面分析，虽然一般而言静态分析是动态分析的起点和基础，但产业组织学研究主要进行的是动态分析和时间序列分析。产业组织学中有许多研究成果是通过大量的统计分析总结出来的，归纳一般规律需要运用统计分析方法，而在研究具体国家产业问题时又往往需要运用比较分析方法，与相应国家或地区的产业状态进行比较。

结构主义的分析方法十分重视产业结构和市场结构，认为系统的行为是由系统的结构所决定的，所以十分注重研究产业与产业之间的关系结构以及产业内各企业相互作用的关系结构，并由此结构出发研究整个产业的整体行为。系统动力学方法是通过分析社会经济系统内部各变量之间的反馈结构关系来研究整个系统整体行为的理论。系统动力学认为系统的行为是由系统的结构所决定的，这一点与结构主义分析方法一致。系统动力学进一步指出，系统的结构是动态反馈结构，可用控制论的方法来研究，所以系统动力学尤其注重各经济变量之间的动态反馈结构，而对变量的精确度要求不高，因此特别适合像产业经济这种许多方面难以定量的复杂系统的研究。国外已有许多学者运用系统动力学的方法来研究产业组织、产业结构等诸多产业经济对象，取得了令人满意的结果。

二、交易费用理论

可以把交易费用原理表述为：任何市场体系安排及其运转都需要交易费用，权利义务的配置与交易费用有关。市场体系通过合理配置各类市场主体的权利和义务，实现交易费用（市场制度维持费用及功能实现费用）最小化或者收益最大化。

这一原理的理论根据是新制度经济学派的代表人物科斯（Ronald H. Coase）提出的科斯定理。"若交易费用为零，则无论权利如何界定，都可以通过市场交易达到资源的最佳配置。"显然，现实经济生活中交易费用不可能为零，由此人们推出"科斯反定理"或"科斯第二定理"，即在交易费用为正的情况下，不同的权利界定，会带来不同效率的资源配置。

交易费用亦称交易成本，是在交易过程中发生费用的一种统称。农产品在交易过程中发生的费用可以进一步分为内生交易费用与外生交易费用两种。事实上，这两种交易费用在农产品交易活动中可能同时发生，但人们一般只关注外生交易费用，往往忽略内生交易费用，而内生交易费用成本太高，恰恰是农产品交易中比较突出的问题。

在存在分工的条件下，交易是人们之间各种经济关系的中心环节。由于交易活动要发生相应的费用，根据经济人假设和资源稀缺性原理，人们就要通过选择来谋求净收益的最大化。而经济运行的实质是在一定的制度安排下交易行为的复合，不同制度安排下交易行为所涉及的关系是不同的，进而交易成本的大小也是不同的。所以，为了节约交易成本，提高经济效率，必须选择适当的制度安排和组织形式。而选择制度安排和组织形式的基本方法就是运用交易成本工具进行分析。这就是新制度经济学的核心逻辑。

可见，交易费用的高低，完全取决于一个社会的制度安排。制度创新能够有效降低市场中的不确定性，抑制人们的机会主义行为倾向，因而具有节约内生交易费用的功能。同时，合理的制度安排还有利于提高交易效率，降低交易风险，直接节约外生交易费用。总之，提高交易效率、降低交易费用是每个交易主体追求的目标，也是我们比较农产品交易方式优劣的基本依据。

三、现代物流理论

现代物流是为满足客户需求，对原材料、流程清单、成品、半成品及有关信息从起点到消费者的高效、经济、安全地流通进行策划、实施和控制的过程。其涵盖运输、仓储、包装、配送、流通加工、信息处理等相关活动，是一种高技术支持的服务。作为一个新兴的朝阳产业，现代物流被称为"第三利润源泉"，物流业被认为是新的利润增长点，并有众多专家学者一致认为"21 世纪将是物流挂帅的世纪"，世界各国都在努力用现代的物流理论和技术发展物流产业。

物流概念最早始于美国，使用"Physical Distribution"（即 PD）一词，译成汉语是"实物分配"或"货物配送"。1963 年被引入日本，当时的物流被理解为限于流通领域的各项物流活动，即是从产品出厂直至到达消费者的过程中物资的包装、运输、储存、装卸搬运、流通加工，以及相关的信息活动等各个环节，它在物资销售中起了桥梁的作用。

到 20 世纪 80 年代，物流已被称为"Logistics"，已经不是过去"PD"的概念了。"Logistics"的原意为"后勤"，这是在第二次世界大战（下文简称"二战"）中，军队在运输武器、弹药和粮食等给养时使用的一个名词。它是为维持战争需要的一种后勤保障系统。二战后，随着美国企业经营全球化的发展，Logistics 这种面向全球化的新的物流理论、观念被广泛引入到企业中。

将"Logistics"一词转用于物资的流通中，物流就不是单纯考虑从生产者到消费者的"货物配送"问题，而且是要考虑到从供应商到生产者对原材料的采购，以及生产者本身在产品制造过程中的运输、保管和信息等方面，全面地、综合性地提高经济效益和效率问题。因此，现代物流是以满足消费者的需求为目标，把供应、制造、运输、销售等市场情况统一起来思考的一种战略措施，这与传统物流仅把它看作是"后勤保障系统"和"销售活动中起桥梁作用"的概念相比，在深度和广度上又有了进一步的含义，即形成了一个新的"供应链"。

所谓供应链（Supply Chain）是指提供产品与服务给顾客的产业上下游厂商所形成的系统。在传统的物流管理模式中，各个企业按照自己的管理方式运作，较少考虑上下游企业的联系，常常会出现生产计划与市场需求脱节、信息反应迟缓以及库存上升等问题。从整个供应链运作过程来看，常常会出现效率悖反问题。所谓"效率悖反"是指对于同一资源的两个方面处于互相矛盾的关系之中，想要较多地达到其中一个方面的目的，必然使另一方面的目的受到部分损失。如尽量减少库存，势必使库存补充变得频繁，必然增加运输次数。简化包装可降低包装成本，但包装强度降低，容易在装卸和运输过程中出现破损，以致搬运效率下降，破损率增多。将水运改为铁路运输，运费虽然增加了，运输速度却大幅度提高。因此，效益背反也许会使单个企业的运作效率提高，但是整体供应链系统的效率却往往降低，最终损害供应链中每个企业的利益。

供应链管理是围绕核心企业，通过对信息流、物流、资金流的控制，从采购原材料开始，制成中间产品以及最终产品，最后由销售网络把产品送到消费者手中的，将供应商、制造商、分销商、零售商，直到最终用户连成一个整体的功能网链结构模式。它是一个范围更广的企业结构模式，它包含所有的合作企业，从原材料的供应开始，经过链中不同企业的制造加工、组装、分销等过程直到最终用户。它不仅是一条连接供应商到用户的物料链、信息链、资金链，而且是一条增值链，物料在供应链上因加工、包装、运输等过程而增加其价值，给相关企业都带来收益。

供应链管理理论的应用，使原料供应商、生产商、批发零售商不再单兵作战，而是通过物流组成一个联合体，共栖、共生、共荣。在供应链中，每个企业都可以发挥其专业化优势。企业间差别化程度越高，越容易被整个供应链接受，且整个供应链的抗风险能力也越强。未来市场上的竞争，不是企业和企业之间的竞争，而是供应链与供应链之间的竞争。如果一个企业加入了某个好的供应链，就可以大大提高其竞争力。

供应链管理把对成本有影响和在生产满足顾客需求过程中起作用的每一方都考虑在内。目的在于追求效率和整个系统的费用有效性，使系统总成本最小。供应链管理包括企业各层次的活动，从战略层次，战术层次到作业层次。它摒弃了局部管理的思想，采用系统的观念和方法对物流系统进行管理，因而是一种整体优化的管理模式，强调的是物流系统的集成和整合。

西方发达国家经验表明，供应链的实施，使供应链上的合作企业总成本每下降 1%，按时交货率提高 15% 以上，订货到生产的周期时间缩短 25%~30%，企业生产率提高 10% 以上。

四、营销理论

（一）营销的含义

营销对我们来说并不陌生，它就在我们的周围。在家庭、学校、工作单位、娱乐场所——无论在做什么，你几乎都处在营销的包围之中，但是营销远非消费者所看到的这些。这一切的背后是一个庞大的人员网以及为获得消费者的注意而进行的大量活动。

营销源自企业的营销活动和实践。因此，它的含义也会随着企业营销活动和实践的发展而发展。早期的营销活动仅限于流通领域，对营销概念的理解也是狭义的，仅限于广告和推销。20 世纪 50 年代后，营销活动突破了流通领域，向生产领域和消费领域延伸，与此相适应，营销的含义也随之而改变。

营销是个人和集体通过创造，提供出售，并自由地同别人交换产品和价值，以获得其所需所欲之物的一种社会和管理过程。其含义具体如下：

（1）营销是一种创造性行为。有些营销者把响应营销与创造营销区别开来，响应营销是寻找已存在的需求并满足它，创造营销是发现和解决顾客并没有提出要求但会积极响应的问题。创造营销是营销的核心内容。

（2）营销是一种自愿的交换行为。英国古典哲学家、西方市场经济学的奠基人之一亚当·斯密曾说过：世界上从来也没有看见狗在交换骨头，只有人才具有交换的本领。交换是出自人的需求而产生的自发行为，也是构成营销活动的基础。

（3）营销是一种满足人们需求的行为。人类的各类需求和欲望是营销工作的出发点，在这里人们的各种需求指的是他们没有得到满足的感受状态，营销的目的就是满足需求。

（4）营销是一种管理过程。营销是分析、计划、执行和控制的过程管理。具体来说，它主要包括两方面的工作：一是研究市场，即研究顾客的需要和需求量，从而做出经营什么、经营多少等决策；二是开展整合营销活动，即通过生产和经营适销对路的产品，选择适当的分销网络，以适当的价格并运用适当的传播手段在满足顾客的同时获取利益。

（5）营销是企业参与社会的纽带，也是联结企业与社会的纽带。营销工作者在制定营销政策时必须权衡三方面的利益，即企业利润、顾客需要和社会利益，只有同时满足这三者利益的企业才能长久地获得营销成功。

（二）营销的研究方法

在20世纪50年代以前，对营销学的研究主要采用传统的研究方法，包括产品研究法、机构研究法、功能研究法。20世纪50年代以后，营销学从传统营销学演变为现代营销学，研究方法主要是现代科学方法，包括管理研究法、系统研究法及社会研究法。

（1）产品研究法。这是以产品为中心的研究方法。以产品为主体，对某类产品诸如农产品、工业品、矿产品、消费品及劳务等分别进行研究。主要研究这些产品的设计、包装、商标、定价、分销、广告及各类产品的市场开拓。这种研究方法可详细地分析、研究各类产品市场营销中遇到的具体问题，但需耗费巨大人力、物力和财力，而且重复性很大。

（2）机构研究法。这是一种以人为中心的研究方法。这种方法以研究市场营销制度为出发点，来研究渠道制度中各个环节及各种类型的市场营销机构，诸如代理商、批发商、零售商等市场营销问题。

（3）功能研究法。这是从营销的各种功能出发，诸如交换功能（购买与销售）、供给功能（运输与储存）、便利功能（资金融通、风险承担、市场信息等）以及企业执行各种功能中必定或可能遇到的问题来研究和认识市场营销问题。

（4）管理研究法。这是一种从管理决策的角度来分析、研究营销问题的方法，它综合了产品研究法、机构研究法和功能研究法。从管理决策的观点看，企业营销受两大因素的影响：一是企业不可控因素，诸如人口、经济、政治、法律、物质、自然、社会文化等因素；二是企业可控因素，即产品、价格、分销及促销。企业营销管理的任务在于全面分析外部不可控制因素的作用，针对目标市场需求特点，结合企业目标和资源，制定出最佳的营销组合策略，实现企业赢利目标。

（5）系统研究法。这是系统理论具体应用的一种研究方法，是从企业内部系统、外部系统，以及内部和外部系统如何协调来研究营销的。企业内部系统主要是研究企业内部各职能部门，诸如生产部门、财务部门、人事部门、销售部门等如何协调，以及企业内部系统同外部系统的关系如何协调。后者主要研究企业同目标顾客外部环境的关系。内部与外部系统又是通过商品流程、货币流程、信息流程连接起来的。只有市场营销系统的各组成部分相互协调,才能产生较高的营销效益。

(6)社会研究法。这种方法主要是研究企业营销活动对社会利益的影响。企业的营销活动一方面带来了社会经济繁荣,提高了社会及广大居民的福利;另一方面造成了某些负面效应,诸如污染自然环境,破坏社会生态平衡。因此,有必要通过社会研究方法,寻求使营销的负面效应减少到最低限度的途径。

第二节　西北农产品市场体系的现状

西北地区由于地理位置偏离国家政治、经济中心,经济发展整体滞后于沿海发达城市,交通、物流、信息网络覆盖面相对较低,除国家地理版图中心的陕西省外,甘肃、新疆等西北广大地区的陆上运输主要依赖陇海——兰新交通主干线和有限的高速公路与东南沿海实现经济交流。因此,要实现西北鲜活农产品快速对接东南沿海主要消费市场,必须构建以交通主干线为重点城市,特别是以省会城市为中心的农产品综合市场和特色明显的农产品专业批发市场。据统计,当前各省会城市农产品综合性市场的果蔬、肉蛋等大宗农产品交易量占全省市场总量的70%以上,部分专业性和地方特色农产品交易量也占40%以上。

一、西北农产品市场体系的基本状况

随着社会主义市场经济体制的建立和国民经济的持续快速增长,以各个省会城市为中心的西北农产品市场体系建设得到了较快发展。农产品流通设施条件不断改善,农产品批发市场功能不断提升,市场辐射能

力不断增强，初步形成了有形市场和无形市场、期货市场和现货市场、产地市场和销地市场、综合市场和专业市场相结合的多层次发展格局。多年来，农产品批发市场承担着省域70%以上的农产品流通任务，发挥着农产品流通主渠道的作用。

与农产品批发市场相关联的城乡农贸市场逐步规范，物流配送和连锁超市发展迅速，农产品流通组织和农民经纪人队伍发育较快，农产品流通主体多元化的格局正在形成。一批优质特色农产品生产和加工基地建设初见成效，农业产业化经营向纵深推进，产销联结更趋紧密，市场带动作用越来越强。

但总体上讲，西北农产品市场体系的发育仍处在初级阶段，在农产品市场发展过程中还存在不少问题。一是市场建设缺乏统一规划，市场结构和布局不够合理，市场发育不平衡；二是市场基础设施建设相对滞后，资金投入不足，市场功能不完善，制度不健全，管理有待进一步规范，交易环境和效益还不理想；三是市场总体规模偏小，经营和交易方式落后，组织化程度较低，辐射能力弱；四是市场建设现代化装备水平低，农产品流通效率不高。这些问题与发展现代农业、建设社会主义新农村的要求还不相适应。

二、西北农产品市场体系存在的问题

（一）农产品销售体系存在的问题

流通过程中介主体众多，社会交易成本高。我国现有农产品市场流通过程，中介主体众多，市场主体结构呈"多段众元式"畸形状态。以蔬菜流通过程为例，菜农（生产者）——产地中介商——市场批发商——市场中介商——零代商——消费者，要经过四五个环节，存在多重中介主体。由于存在多重中介主体，中介环节复杂众多，经过反复落地倒运，致使流通过程不良成本很高，市场运行过程承负着很高的交易

费用和社会交易成本。这是一种较原始的商品流通交易形式，违背了追求较低交易费用与社会交易成本的理论与实践。这种流通方式严重损害着生产者和消费者的利益。一方面由于多重中介主体的存在，商品价格被反复提高。据调查，未经任何加工包装的蔬菜从生产者手中经众多中间环节到达消费者手中其价格要增加 3-10 倍。另一方面，由于此种流通形式的多重性、离散性、区域性和信息的不公开性，造成信息的不对称性，生产者在缺乏信息或信息被扭曲的条件下盲目进行生产，在生产获利微薄的情况下还要承受销售不出去的风险，结果必然是"种菜的不如卖菜的，卖菜的不如倒菜的"。在严重挫伤农民的生产积极性同时，这种流通方式也不利于提高产品质量。一方面"小规模、大群体"的离散性质制约了大型产业组织的产生，致使产业难以进入规模性投入，产品的质量与生产经营水平尚未得到提升；另一方面，由于生产者和消费者处于被隔离状态，生产者不了解消费者的需求，难以提高产品质量。

（二）农产品物流体系存在的问题

物流信息体系不健全。农产品物流的信息化程度低下体现在供应链的各个环节上。首先从生产端，由于大多农户采用分散经营模式，使得对于农产品生产信息的获得主要还是凭借历史经验、自身喜好或跟风。其次，在农产品价格信息的获得方面，一项对全国十几个省的农产品批发市场的调查统计结果显示，对于市场信息获得的渠道，自己的信息渠道所占的比例最高，依靠同行的传播占第二位，第三是依靠对方上门供货，其他渠道如当地市场发布、政府部门发布、传播媒体及网络所占的比例都很少。另外对批发市场供给信息的调查结果表明，不提供供求信息和价格信息的占 58.6%，可见目前的批发市场在信息提供方面比较欠缺。农产品物流的流向和流程，以及由此而产生的效率和效益与农业物流的信息体系密切相关，而现在农业物流信息系统所能提供信息品种和质量都不能满足需要，缺乏有效的信息导向。农产品物流的流向带有盲目性，流程不合理是导致在途损失严重，影响农产品保值增值的重要原因。

物流技术落后导致物流过程损耗严重。农产品的生物性能（含水量高、保鲜期短、易腐烂变质等）对运输效率和保鲜条件提出了很高的要求。目前我省农产品物流是以常温物流或自然物流形式为主。农产品在物流过程中损失较大，以蔬菜为例，流通中的损失达到了25%～30%。同时，农产品加工包装能力比较低下，无品牌经营，贴牌经营，或自身品牌知名度仅限于产地周边城市，市场认可度普遍偏低。

农产品物流专业化和社会化程度较低。据终端消费市场销售资料统计显示，即使在完全畅销的情况下，100吨毛菜也至少会产生20吨垃圾，由此可以推算出毛菜进城到农贸市场上销售时存在着一个数量惊人的无效物流成本。如果再加上相关垃圾处理、环境保护和市容管理方面的费用，维持一个农贸市场的正常运作成本开支是惊人的。这种现象在全国各地普遍存在，主要是农产品在经过产地——中间批发市场——农贸市场流通过程中存在大量的损耗。目前，西北地区面向零售终端的农产品综合物流配送体系建设相对滞后，农产品大宗物流与连锁超市生鲜区之间衔接不够紧密，无效物流成本相对较高。

（三）农产品市场信息体系存在的问题

1. 信息共享性差

信息的价值在于共享，共享的人越多，信息的价值越高。信息共享的前提是确立并遵循统一的信息标准。由于我国在农业市场信息分级分类、指标术语、收集渠道、应用环境等方面至今还没有形成统一的标准，而农业市场信息又是由多个供给主体分散提供，各个主体往往根据自己的需要，对信息进行加工处理，形成自己的内部标准，这一点在政府部门尤为明显。因此，本部门以外的人员对其提供的信息往往不能正确理解，更谈不上运用，信息的共享性很差。信息共享性差是造成信息产品重复开发，资源浪费的重要原因。而由于信息共享性差，信息用户很难获取全面、系统、准确的市场信息，难以据此做出科学的生产经营决策。

2. 信息产品结构比较单一

由于政府在农业市场信息的主体结构中占据主要地位，因此，当前农业市场信息的产品结构主要是以公共产品和部分准公共产品为主，产品结构比较单一。而且政府作为农业的管理者，对事关农业发展全局的宏观性信息比较关注。因此，在公共产品的构成中又是以宏观性、全局性信息为主，微观性、局部性的信息明显偏少。农业市场信息产品结构呈现出"两个单一"的明显特征，这样的信息产品结构显然难以满足用户对农业市场信息的不同需求，因为用户对信息的需求深受用户社会角色定位、信息意识、经济状况等因素影响。比如，农民作为主要的农产品生产经营者，比较关注农产品市场供求方面的信息，而城镇居民作为消费者，更关心农产品价格、质量方面的信息。

针对性和时效性是信息的重要要求，缺乏针对性和时效性的信息价值不高甚至没有价值。同一般的信息比较，农业市场信息的时效性普遍偏差、以网上农业市场信息为例，从表面上看，花样还是比较多的，但是认真研究，就会发现这些信息大多缺乏特色，绝大多数农业信息网站的服务水平还处于复制和模仿阶段，信息采集面虽然比较广，采集量也比较大，但是具有针对性和实用性的信息还比较缺乏。许多富有地方特色、具有开发潜力的农业信息资源还难以在网上推广和发布，而具有指导性、分析性、前瞻性、预测性和时令性的信息更是不多。有些信息网站只有简单的单位、企业介绍以及产品名录，内容不充实，而且更新周期长，难以真正发挥信息在引导和服务农业生产中的作用。

（四）农产品营销体系存在的问题

产品策略方面。农产品的品质和安全性与国际标准差距较大。随着农产品国际市场竞争加剧，竞争形态已从单一的价格竞争转向农产品品质竞争。首先，我国主要农产品与国外农产品的质量差距参差不齐；其次，农产品质量安全问题令人担忧，"餐桌污染"成为社会关注的热点。农产品分级包装未能充分重视。分级是指农产品按照某种属性，分为不同的等级，以方便进入市场交易与制定价格。从营销"满足需求"的角度来说，一种农产品应按照消费者最重视的品质属性分级，这样消费者就能根据自己的需要来选购农产品，从而促进销售并节省交易时间。

分销渠道策略方面。由于农户生产规模小，生产地区分布分散，必须把农户手中的农产品集中起来，以利于运输、储藏及销售。我国农产品营销中的调集职能大多在产地完成，由于农民自发组织能力低，一般是批发商直接到产地市场直接向农户收购。单个农户议价能力较低，批发商数量少，因而集中职能不能正常发挥。加上产地市场的一些势力欺行霸市、地区封锁，在完成集中职能这个环节上极大挫伤农户的积极性，损害了农户的利益。

定价策略方面。所谓定价策略就是企业在特定的情况下，依据确定的定价目标所采取的定价方针和价格竞争方式。价格关系到社会再生产过程的各个方面。在市场营销活动中，定价策略在与其他策略的配合中，发挥着重要作用。合理的定价有利于销售渠道的拓宽。我国农产品在定价方面存在的问题不是太多，这是因为农产品市场是一种接近完全竞争的市场，价格一般是由市场机制形成。如85%的世界农产品价格是由期货价格所决定。目前国内农产品定价存在的主要问题是在部分产品中流通环节定价的人为因素过大，如大宗农产品的粮食和棉花由于营销体制仍是政府计划管理为主，营销渠道相对单一，环节过多，造成营销成本居高不下。棉花市场批发价高于农民出售价的 25%~30%，玉米高出 20%~30%。

促销策略方面存在农产品不必促销的传统观念。农产品生产经营者首先要彻底摆脱农产品不必促销的陈腐观念，应看到中国加入世贸组织后，农产品供求关系不再是计划经济体制下的供不应求的简单的买卖关系，而是来自不同国家、不同产销关系的各种不同特色的农产品复杂激烈的竞争关系。构成整体农产品的各种要素在其中起着一定作用，忽略了其中的哪一个因素，都会极大地削弱其竞争能力。

三、农产品流通体制的制约因素

（一）市场准入条件不等的缺陷

市场机制作用的发挥、市场功能特征的体现、市场价格信号的传导、市场主体行为的选择无不与竞争相伴而生。可以说竞争是市场经济的本质特征，它与垄断是格格不入的。然而，我国农产品市场在其发育、发展过程中，基本是以行政区所在地为依托，各自为政，加上地方财政包干体制带来的利益分割，出现大大小小的"诸侯经济"，阻碍了市场要素合理流动，破坏了市场的统一性和开放性，农产品市场带有浓厚的垄断色彩。

国有粮食部门，供销合作社一直是我国农产品流通领域的主要组织者与承担者，曾长期拥有政权机构所赋予的排他性垄断地位。在改革和发展市场经济新的历史条件下，却遇到前所未有的困难与挑战，国家为支持其在流通中发挥主渠道作用，也付出了沉重代价。农产品流通的主渠道不活，不能发挥其应有的流通领域职能与作用，根本原因在于其制度性缺陷。作为农产品流通主渠道的国营商业，一方面要求他们作为独立的商品经营者自负盈亏，和其他经营者一样加入市场竞争；另一方面，还要求其承担稳定调节的职能。这两方面的作用，虽有其一致的方面，即如果充分利用自己点多、面大、联系广的优势，组织好供需平衡，搞好经营，可在客观上起到一定的调节市场的作用。但从其经营行为来看，国营商业作为独立核算、自负盈亏的企业，和其他经营者一样参与竞争。一般是，紧俏商品卖价高，滞销商品卖价低，商品价格看跌时少销多存，价格看涨时少存多销。紧俏商品竞相收购，滞销商品停购限购。而调节市场则要求他们的经营行为与此相反。显然，这两者的职能又是矛盾的。

（二）价格形成机制不灵的缺陷

买主和卖主、政府和农户在市场选择和贸易条件方面矛盾尖锐，表明我国农产品价格形成机制仍存在严重缺陷。新中国成立以来，我国政府历来是农产品的主要买主或收购者，而农户作为农产品生产者、供给者则处于初级市场的卖主地位。改革后，市场开放和垄断收购并行，使生产者既有了相当大的选择市场的余地，又有了进行价格和其他贸易条件对比的参照物。于是，矛盾和问题变得多样化、复杂化，集贸市场货少价高的，国家"收不上来"；货多价跌时，又"收不完"，政府和农户存在一定程度的利益冲突。

产销区的购销矛盾也从另一个侧面暴露了我国农产品市场机制和市场体系中的缺陷。表现在：当粮食丰收、市场供应充裕、价格下跌时，销区为转移贮粮费用，即使有仓容也不积极购进，从而人为加剧了产区产品积压和农民卖难的紧张状况；而当粮食减产、供给短缺、价格上涨时，销区又设法到产区抢购，人为推动粮价上涨导致市场波动。产销区矛盾的症结主要在于：①市场结构不合理。传统的集贸市场仍是主体，具有价格形成机制的批发市场不仅数量少，而且区域分布不均衡（主要集中于产区）、功能单一；②市场硬件环境不良，基础设施差，残缺不全的市场体系使产销区市场主体难以根据市场信息做出理性决策，也使政府调控产销区关系的政策措施经常出现偏差，导致产销区矛盾加剧。

（三）监管主体不明的缺陷

在农产品放开搞活的同时，国家未能及时地建立一套规范有效的农产品市场宏观调控体系。在新的经济形势下，只是将原来高度集中的政府控制行为，改为集中与分散调控，把发挥调控作用的主要责任交给地方政府。但由于地区之间利益的矛盾冲突，行政调控的作用难以协调，甚至往往抵消，从而降低了政府的调控能力，不利于农产品的市场流通。

四、农产品现代市场体系核心问题——物流体系问题

农产品流通是以增值为目的的农产品商品交换活动，是农产品在流通领域的运动过程，包括商流、物流、信息流等过程，其中，物流是基础。

发展现代农产品物流业，是有效解决"三农"问题、建设社会主义新农村的重要组成部分，对于开拓农村市场意义重大。我国是一个农业大国，农业生产资料和农产品的物流量不仅数量巨大，而且供应非常分散，物流成本很高。

发展现代农产品物流，降低农业生产和农产品流通过程中的物流成本，提高农产品流通速度，不仅能为经营主体提供真实、准确的有效信息，减少市场运营过程中的不确定性和盲目性，提高农民的组织化程度和农产品的市场竞争力，使农产品在流通过程中实现增值，而且可以提高农产品的标准化程度和质量安全，减少农产品在运输过程中的损耗，降低和杜绝农产品公共安全事件的爆发，有利于保障城乡居民的根本利益，稳定增加农民收入，推动农业的产业化、现代化进程，提高农业的整体效益。

从农产品物流自身的功能作用分析，已经由单纯的产品计划调运与

供求调节转变为价值实现、产业经济和平衡供求三重功能。新时期农产品物流的三重功能，是与经济转轨时期的农产品物流的重要地位相适应的，关系到稳定与发展的大局。价值实现功能关系到农民收益的实现、农村社会稳定，是产业发展的基础；产业经济功能关系到农民增收、农村发展，是城乡统筹发展的保障；平衡供求功能关系到社会与经济期盼，是稳定与发展的前提。新体制的创新与延续，赋予农产品物流新的功能；新功能的完善与发展，也将有力地促进农村经济体制的发展与完善。具体表现在：一是能够减少流通环节，降低流通成本，提高农民收入；二是能够促进农民合作组织发展，提高农业组织化程度；三是能够减少农产品流通过程中的损失，增加商品供应量；四是能够提高质量标准，增加农产品国际竞争力；五是能够延长产业链条，实现农产品流通服务环节增值；六是能够提升产业化水平，促进农业产业的升级换代；七是能够改善物流条件，成为建设社会主义新农村的重要保障；八是能够提高企业整体素质，适应迎接经济全球化的迫切需要。

第三节　构建现代农产品物流体系的基本思路

按照市场规律办事，以企业为主体，以市场需求为导向，加快商贸流通体制改革和结构调整，加大基础设施的投入力度，对国内外先进物流模式进行研究，积极学习现代化物流管理方法，对现有落后的物流流程进行改造，降低物流成本，提高物流效率，充分利用西北五省各省会城市优越的地理条件，不断扩大物流配送的辐射范围，增强现代化物流运作水平，把陕西西安建设成为全国最大的农产品物流配送中心，把各省省会城市建成省域最大的农产品物流配送中心。

一、完善农产品物流市场体系

首先，继续完善市场体系的建设，为农产品物流提供网络畅通、功能完善的载体。在制定农产品产地和销地批发市场建设规划的基础上，科学布局并完善批发市场网络，同时鼓励省外企业、外商参与农产品批发市场的建设改造，积极发展农产品零售市场，引导农业龙头企业到城市开办农产品超市，逐步把经营网络延伸到城市社区。

其次，积极开辟新的农产品物流集道。总结"农商对接"的成功经验，继续大力推动大型商业企业，尤其是以超市为代表的大型零售企业与农产品生产者的对接，借助连锁超市的配送中心和分销网络，促进农产品的生产和销售。

二、加强农产品物流基础设施建设

针对当前农产品物流基础设施建设相对薄弱和农产品物流现代化基础欠缺的状况，政府应加大投入和扶持的力度，通过多渠道筹集资金，重点推进一批现代化的农产品物流基础设施建设，并致力于改善现有农产品物流市场体系的软件和硬件设施。具体来讲，一是规划建设若干农产品仓储中心和配送中心，改善农产品物流的基础设施条件；二是建设农产品物流平台，全面推进农产品物流的现代化和标准化；三是加快现有骨干农产品交易（批发）市场的基础设施改造，尤其是信息化改造，推动传统农产品交易市场的现代化。

三、培育与发展农产品物流组织

物流企业是发展农产品物流业的关键，要把农产品物流搞上去，就要采取多渠道、多形式、多元化的办法，打破所有制、地域、行业界限，尽快培育一批农产品物流企业。西北农副产品资源丰富、交通优势明显，许多企业也都建立起了物流供应链。但在产品销售方面仍处于散、乱、小的状态。迄今为止，还没有几家综合性的跨地区、大规模的农产品物流公司。物流几乎成了造成企业竞争力低下的"木桶中的短板"

物流企业可以解决农产品产销不平衡的问题，解除农产品"生产易、销售难"的顾虑。政府应给予第三方物流企业必要的扶持和政策优惠，如在国家政策性资金扶持范围内给予农产品物流企业一定的信贷支持、减免税收等政策扶持。另一方面，应积极引导农业企业在强化自身物流管理的基础上重新确立物流职能，剥离低效的物流部门及设施，逐步实现企业物流活动的社会化，为现代农产品物流产业发展培育广泛而又坚实的市场需求基础。同时，积极培育大型第三方物流企业和企业集团，使之成为现代农产品物流产业发展的示范者和中小物流企业资源的整合者。

另外，加快培育与发展农产品物流的组织体系，提高农产品物流的组织化程度。加速组建和发展行业协会，按市场化、产业化的要求加强行业协会建设。

大力发展各种专业合作社。目前专业合作社建设在有些省份已经取得了一定的进展，我们也应及时借鉴，加强引导和支持。培植一批大型农业龙头企业并使之与农户、生产基地实现紧密联结，提高农产品物流效率。

四、积极发展新型流通方式

人力发展连锁经营、超市、便利店等新型零售业态，鼓励和引导农产品流通企业和加工企业直接进入社区农产品零售市场、便利店。鼓励有条件的大型超市、连锁店和便利店直接与农产品生产基地建立长期稳定的产销关系。加大对传统农产品零售市场的改造力度，鼓励有条件的地方将城市农贸市场改建成超市，积极发展以运输配送、储藏保鲜和流通加工为主要内容的农产品物流，降低生产风险和流通成本。

五、开拓农产品加工增值物流

农业的结构调整是把农业产业化的链条拉长，这也是不断强化农业基础地位的有效途径。农产品加工增值和副产品的综合利用是减少农产品损失、延长其保存期限、提高农产品附加值、丰富人民生活、使农产品资源得以充分利用的重要途径。因此，农产品加工是农产品物流中一个不可缺少的重要组成部分。国外发达国家统计的农业直接产值与加工产值之比，一般在 $1:2.5$ 到 $1:3$ 之间，中国目前的数据是 $1:0.7$。农业的直接产值是 1 的话，加工产值就是 0.7。西北各省距离全国平均水平尚有很大差距，加工产值低于 0.5。如果把加工产值提高到 2.5 或者 3 的话，农业加工业产业容量就会变大。

在西欧，农民根据自己的产品加入不同的消费合作社。消费合作社付给农民的不仅仅是农产品的价格，还有消费合作社经过物流增值服务后的应得部分。不应该把农民排除在物流增值服务之外，要创造一种机制、创造一种组织形式，让农民获得一部分增值利润。

农产品的物流增值服务应从以下几个方面入手：农产品分类与分类包装增值服务；农产品配送增值服务；特种农产品运输增值服务；特种农产品仓储与管理增值服务；等等。

六、建立以批发市场为主体的农产品物流体系

根据我国的农产品物流现状，宜采用以日本为代表的物流模式，即以批发为主的农产品物流体系。鉴于我国农产品批发市场已有基础，重

点以改造为主。借鉴荷兰花卉批发市场的经验，在软件建设方面，通过股份制改造，按市场化模式运作；在硬件方面，加快设备的更新改造，建立现代电子服务和结算中心，加大信息网络建设力度，把批发市场真正办成农产品交易和服务的多功能市场。目前需要重点改造辐射面广、带动能力强的全国性和区域性农产品批发市场，加强仓储、物流配送等基础设施和检验检测中心等公益性设施建设，进而发挥标准化市场的示范作用和辐射效应，带动和引导产品批发市场全面改造，提升和完善服务功能。

第四节　构建西北现代农产品市场体系的法律保障

根据我国农业生产与国民经济发展的实际，进行农产品市场体系的设计和运作，不管具体采取何种模式，都应在打破垄断经营、鼓励多个经济主体竞争的前提下实施。它不仅是单纯地要求加快农产品市场的硬件建设，而且要求加强农产品市场的法规和制度建设，使多个经济组织在完善的市场和规则中公开、公平、公正竞争，从而推动整个市场经济的发展。

中国加入 WTO 之后，农产品市场法规体系必然建立在两个基本参考框架之上：一是中国的现实状况，这是现代农产品市场体系建设的基础；二是 WTO 的体制框架，即 WTO 的相关制度与规则体系。以 1994年 12 月 15 日签署的乌拉圭回合《农业协定》为核心，形成了 WTO 农产品市场制度框架，也是农产品贸易自由化的里程碑。因此，中国加入WTO 之后，农产品市场的法治建设必须与 WTO 农产品市场法规体系一致。

一、完善农产品市场主体法规体系

市场主体立法是市场准入立法的一个重要方面。市场主体是 WTO 规则和成员方最为关注的问题，因为市场开放是实现贸易自由化的前提条件。我国农业和农村经济市场主体主要有农村集体经济、国有企业、合伙企业、独资企业、股份合作企业和个体工商户等形式。目前，除国有企业、公司、合伙、独资和个体可以适用相关法律外，其他农产品市场主体尚无明确的法律规范。今后完善农产品市场主体立法，首先是要确立一些现实的农产品市场主体法律地位，包括农业行业协会和农业股份制合作企业，确立他们的特殊法律地位，规范这些市场主体的组织形式和经营秩序。其次是要健全相关法律制度，特别是有关农业集体经济组织的法律制度，处理好农业集体经济组织在农产品贸易中的市场主体地位，保护好农民集体所有的财产。

二、农产品市场竞争法规体系

根据我国农产品市场竞争制度的现状，改革与完善反倾销条例、反补贴条例和反不正当竞争法的实施机制，使其更具有可操作性，并在此基础上加强反补贴和反倾销调查。研究农产品方面的特殊保障制度、反倾销与反补贴措施，重视对产品市场的保护，进一步完善现有的反倾销条例与反补贴条例，条件成熟时将其上升为法律。同时，我国应改进国有贸易方式，降低其垄断程度，放松并取消经营权审批制度，在修改《对外贸易法》时应当考虑这一问题。在上述竞争制度的基本框架内，建立农产品扶持制度，也是构建新竞争秩序的重要方面。按照 WTO 的规定，我国在放开农产品市场的同时，可以对农产品生产及农产品市场给予一定的扶持和保护，在国内农产品生产与农产品市场受到严重冲击时，政府可以援引 WTO 规则采取贸易救济措施，履行相关义务。从这一角度构建竞争秩序，应重点在两方面努力；一是根据 WTO《农业协定》的规定，我国可以继续采取属于"绿箱政策"的农业支持措施：不仅在资金、技术上继续优先支持农产品生产，且在产前，产中和产后各个环节上优先补贴农产品的生产和储备一方，可以建立主要的农产品价格保证体系。

三、农业宏观调控法规体系

面对新的开放环境，我国政府应根据制度与规则，通过法律手段，理顺各种经济关系，维护市场秩序，为市场经济有效运行创造一个好的社会经济环境，按照 WTO 规则的要求，农业支持是最主要的制度，我们应从以下几方面进行农业资助法治建设：一是完善农业投资法律制度；二是完善农产品价格保护法律制度；三是建立农业保险法律制度，为农产品市场体制提供坚实的基础；四是进一步建立农村社会保障制度，为广大农民提供养老与医疗保障。

四、完善农产品市场监管法规体系

关于农产品市场监管制度的改革与完善，主要集中在两个方面，一是改革现有的管理体制；二是完善监管程序。在推进管理体制改革的同时，还应当尽快完善农产品市场的监管程序，公正的程序是正义的基本要求，对农产品市场监管的合法性与正当性都直接取决于其程序的正当过程，正当过程应通过程序来体现。完善我国农产品市场监督与管理的程序，一是建立透明与公开的价格形成机制与程序，保证市场的公平竞争。众所周知，价格是市场的重传导机制。以价格与价格形成机制以公开的程序为保证，市场才能开放，才他能形成公开的竞争机制，才能提高市场的透明度。二是按照开放、公平竞争与合理保护的指导思想，完善农产品许可证与关税配额管理程序，包括农产品许可证和配额的申请、批准与发放等具体程序。三是完善农业支持的决策与实施程序制度。四是政府应当逐步减少对农产品流通的直接干预，主要对市场主体的行为进行规范，为市场竞争提供的制度性保障。

五、健全技术法规体系

尽快建立健全我国的技术法规体系，扭转以强制性标准替代技术法规的状况。首先应理顺以下两个方面的关系：一是技术法规与其他经济法规的关系；二是技术法规与产品技术标准的关系。根据《技术性贸易壁垒协议》及其他相关协议要求，制定有关保护人类健康和安全、保护动植物生命和健康、保护资源环境等方面的技术法规；与此同时，对国内现有农产品和食品的技术标准进行调整，根据有关协议和我国经济发展的需要，调整产品技术标准的水准，以适应国内外两个市场接轨的要求，把强制性执行的产品标准逐步转化为与技术法规配套的自愿性产品技术标准，有计划、有步骤地缩小强制性标准的范围，以逐步建立起真正能把国内外两个市场、两种标准衔接起来的技术法规和技术标准体系。

参考文献

[1] 卡尔·波兰尼. 大转型: 我们时代的政治与经济起源 [M]. 冯钢, 刘阳, 译. 杭州: 浙江人民出版社, 2007.

[2] 孟德拉斯. 农民的终结 [M]. 李培林, 译. 北京: 社会科学文献出版社, 2005.

[3] 高鸿业. 西方经济学: 微观部分: 第七版 [M]. 北京: 中国人民大学出版社, 2018.

[4] 理查德·斯威德伯格. 经济社会学原理 [M]. 周长城, 等译. 北京: 中国人民大学出版社, 2005.

[5] 范德普勒格. 新小农阶级: 帝国和全球化时代为了自主性和可持续性的斗争 [M]. 潘璐, 叶敬忠, 等译. 北京: 社会科学文献出版社, 2013.

[6] 约翰斯顿. 哲学与人文地理学 [M]. 蔡运龙, 江涛, 译. 北京: 商务印书馆, 2010.

[7] 温铁军, 杨洲, 张俊娜. 乡村振兴战略中产业兴旺的实现方式 [J]. 行政管理改革, 2018 (8).

[8] 望超凡. 村社主导: 资本下乡推动农村产业振兴的实践路径 [J]. 西北农林科技大学学报 (社会科学版), 2021, 21 (3).

[9] 袁威. 工商资本参与下农民主体作用的困境与破解思路: 基于

S省20个乡镇59个村庄的调查［J］.行政管理改革，2020（11）.

　　［10］郭珍，郭继台.乡村产业振兴的生产要素配置与治理结构选择［J］.湖南科技大学学报（社会科学版），2019，22（6）.

　　［11］周振.工商资本参与乡村振兴"跑路烂尾"之谜：基于要素配置的研究视角［J］.中国农村观察，2020（2）.

　　［12］周荣.乡村振兴背景下贵州蔬菜产业高质量发展路径研究：以贵州省毕节市为例［J］.贵阳市委党校学报，2020（6）.

　　［13］席吕思.乡村振兴背景下农村特色产业推动贫困地区发展路径研究：以恩施巴东县为例［J］.特区经济，2020（12）.

　　［14］汪厚庭.山区乡村产业振兴与有效治理模式和路径优化：基于皖南山区乡村实践研究［J］.云南民族大学学报（哲学社会科学版），2021，38（1）.

　　［15］王舫，保虎.文化自信与欠发达地区乡村产业振兴：以曼夕布朗族茶业复兴实践为例［J］.广西民族大学学报（哲学社会科学版），2020，42（3）.

　　［16］曹利群.现代农业产业体系的内涵与特征［J］.宏观经济管理，2007（9）.

　　［17］曹慧，郭永田，刘景景，等.现代农业产业体系建设路径研究［J］.华中农业大学学报（社会科学版），2017（2）.

　　［18］刘涛.现代农业产业体系建设路径抉择：基于农业多功能性的视角［J］.现代经济探讨，2011，349（1）.

　　［19］韩立达，史敦友.欠发达地区乡村产业振兴实践研究：以西藏山南市滴新村为例［J］.西北民族大学学报（哲学社会科学版），2018（5）.

　　［20］罗鸣，才新义，李熙，等.美国农业产业体系发展经验及其对中国的启示［J］.世界农业，2019，480（4）.

［21］李腾飞，周鹏升，汪超．美国现代农业产业体系的发展趋势及其政策启示［J］．世界农业，2018，471（7）.

［22］谢特立．美国农业产业特征与农业推广体系运作、推广目标［J］．世界农业，2008，350（6）.

［23］丁力．美国农业产业体系对中国的启示与建议［J］．财经问题研究，2001（9）.

［24］丁力．培育有竞争力的农业产业体系：关于美国农业的观察与思考［J］．湖南经济，2001（10）.

［25］耿言虎．村庄内生型发展与乡村产业振兴实践：以云南省芒田村茶产业发展为例［J］．学习与探索，2019（1）.

［26］张培刚，方齐云．中国的农业发展与工业化［J］．江海学刊，1996（1）.

［27］程文明，王力，陈兵．乡村振兴下欠发达地区特色产业提质增效研究：以新疆棉花产业为例［J］．贵州民族研究，2019，40（6）.

［28］程艺阳，陈伟，王雅楠．陕西省特色现代农业产业体系发展测评与模式分析［J］．北方园艺，2021（14）.

［29］王润，陈法杰．新疆现代农业产业体系构建研究［J］．西部皮革，2016，38（22）.

［30］倚"特"而立 向"高"而行：从三个产业样本看宁夏现代农业三大体系建设［J］．吉林农业，2016（20）.

［31］苏泽龙．新中国成立初期传统农业改造研究［J］．当代中国史研究，2020，27（4）.

［32］崔力航，郭睿．对改造传统农业的理解与验证：基于中国农业发展的案例［J］．农业与技术，2020，40（12）.

［33］吴芳，杜其光，张京京，等．物联网技术改造提升天津传统农业对策研究［J］．中国农机化学报，2018，39（6）.

［34］邓大才．改造传统农业：经典理论与中国经验［J］．学术月刊，2013，45（3）．

［35］潘锦云，杨国才，汪时珍．引植农业现代服务业的制度安排与路径选择：基于现代服务业改造传统农业的技术视角［J］．经济体制改革，2013（1）．

［36］郭焕成，吕明伟．我国休闲农业发展现状与对策［J］．经济地理，2008，128（4）．

［37］范水生，朱朝枝．休闲农业的概念与内涵原探［J］．东南学术，2011，222（2）．

［38］刘金铜，陈谋询，蔡虹，等．我国精准农业的概念、内涵及理论体系的初步构建［J］．农业系统科学与综合研究，2001（3）．

［39］陈桂芬．面向精准农业的空间数据挖掘技术研究与应用［D］．长春：吉林大学，2009．

［40］尹昌斌，唐华俊，周颖．循环农业内涵、发展途径与政策建议［J］．中国农业资源与区划，2006（1）．

［41］杨忍，文琦，王成，等．新时代中国乡村振兴：探索与思考：乡村地理青年学者笔谈［J］．自然资源学报，2019，34（4）．

［42］尹昌斌，周颖，刘利花．我国循环农业发展理论与实践［J］．中国生态农业学报，2013，21（1）．

［43］尹昌斌，唐华俊，周颖．循环农业内涵、发展途径与政策建议［J］．中国农业资源与区划，2006（1）．

［44］农新．聚力发展设施农业引领促进乡村振兴［J］．农村新技术，2023，511（3）．

［45］张克俊．现代农业产业体系的主要特征、根本动力与构建思路［J］．华中农业大学学报（社会科学版），2011，95（5）．

［46］安虎森，朱妍．产业集群理论及其进展［J］．南开经济研

究，2003（3）.

[47]李裕瑞，尹旭.镇域发展研究进展与展望［J］.经济地理，2019，39（7）.

[48]陈云飞，黄声兰.产业组织理论发展评述［J］.生产力研究，2013，251（6）.

[49]郭丽娜.有效需求理论演进及其发展研究［D］.沈阳：辽宁大学，2011.

[50]李裕瑞，尹旭.镇域发展研究进展与展望［J］.经济地理，2019，39（7）.

[51]刘少杰.积极优化区域发展的社会基础［J］.社会学评论，2021，9（1）.

[52] LIU Y S, LI Y H. Revitalize the world's countryside［J］.Nature，2017，548（7667）.

[53]陈秧分，刘玉，李裕瑞.中国乡村振兴背景下的农业发展状态与产业兴旺途径［J］.地理研究，2019，38（3）.

[54]刘彦随.中国新时代城乡融合与乡村振兴［J］.地理学报，2018，73（4）.

[55] LONG H L, LIU Y S. Rural restructuring in China［J］.Journal of Rural Studies，2016，47.

[56]吴易风.经济增长理论：从马克思的增长模型到现代西方经济学家的增长模型［J］.当代经济研究，2000（8）.

[57]王小刚，鲁荣东.库兹涅茨产业结构理论的缺陷与工业化发展阶段的判断［J］.经济体制改革，2012，174（3）.

[58]杨晗，邱晖.产业结构理论的演化和发展研究［J］.商业经济，2012，398（10）.

[59]刘伟，李绍荣.产业结构与经济增长［J］.中国工业经济，

2002（5）.

　　[60] QI X X, DANG H P. Addressing the dual challenges of food secu
－rity and environmental sustainability during rural livelihoodtransitions in
China [J] . Land Use Policy, 2018, 77.

　　[61] 杨忍, 文琦, 王成, 等. 新时代中国乡村振兴: 探索与思考:
乡村地理青年学者笔谈 [J] . 自然资源学报, 2019, 34（4）.

　　[62] GRAMZOW A, BATT P J, AFARI－SEFA V, et al. Linking
smallholder vegetable producers to markets——A comparison of a vegetable
producer group and a contract－farming arrangement in the Lushoto District of
Tanzania [J] . Journal of Rural Studies, 2018, 63.

　　[63] 吴振方. 农业适度规模经营: 缘由、路径与前景 [J] . 农村
经济, 2019（1）.

　　[64] 房艳刚, 刘继生. 基于多功能理论的中国乡村发展多元化探
讨: 超越 "现代化" 发展范式 [J] . 地理学报, 2015, 70（2）.

　　[65] 樊凡. 农村社会学研究存在的问题与反思 [J] . 中国农村观
察, 2017（2）.

　　[66] 陈秧分, 姜小鱼, 李先德. OECD 乡村政策及对中国乡村振兴
战略的启迪 [J] . 新疆师范大学学报（哲学社会科学版）, 2019, 40
（3）.

　　[67] 芦千文, 姜长云. 欧盟农业农村政策的演变及其对中国实施
乡村振兴战略的启示 [J] . 中国农村经济, 2018（10）.

　　[68] 黄季焜. 四十年中国农业发展改革和未来政策选择 [J] . 农
业技术经济, 2018（3）.

　　[69] 陈秧分, 王国刚, 孙炜琳. 乡村振兴战略中的农业地位与农
业发展 [J] . 农业经济问题, 2018（1）.

　　[70] 沈费伟, 刘祖云. 海外 "乡村复兴" 研究: 脉络走向与理论

反思［J］．人文地理，2018，33（1）．

［71］陆益龙．中国农村社会学40年的重建与发展［J］．西北师大学报（社会科学版），2019，56（3）．

［72］陆益龙．后乡土性：理解乡村社会变迁的一个理论框架［J］．人文杂志，2016（11）．

［73］艾云．农产品"市场链"：一个经济社会学的分析［J］．社会发展研究，2016，3（1）．

［74］付伟．乡土社会与产业扎根：脱贫攻坚背景下特色农业发展的社会学研究［J］．北京工业大学学报（社会科学版），2019，19（5）．

［75］朱启臻．乡村振兴背景下的乡村产业：产业兴旺的一种社会学解释［J］．中国农业大学学报（社会科学版），2018，35（3）．

［76］李小云，徐进，于乐荣．中国减贫四十年：基于历史与社会学的尝试性解释［J］．社会学研究，2018，33（6）．

［77］王春光，单丽卿．农村产业发展中的"小农境地"与国家困局：基于西部某贫困村产业扶贫实践的社会学分析［J］．中国农业大学学报（社会科学版），2018，35（3）．

［78］陆学艺．发展变化中的中国农业、农村与农民［J］．中国社会科学院研究生院学报，2006（4）．

［79］付伟．城乡融合发展进程中的乡村产业及其社会基础：以浙江省L市偏远乡村来料加工为例［J］．中国社会科学，2018，270（6）．

［80］陆益龙．后乡土中国的基本问题及其出路［J］．社会科学研究，2015（1）．

［81］贺雪峰．行政还是自治：村级治理向何处去［J］．华中农业大学学报（社会科学版），2019（6）．

［82］吴传钧. 论地理学的研究核心：人地关系地域系统［J］. 经济地理, 1991, 11 (3).

［83］刘祖云, 刘传俊. 后生产主义乡村：乡村振兴的一个理论视角［J］. 中国农村观察, 2018 (5).

［84］丁建军, 冷志明. 区域贫困的地理学分析［J］. 地理学报, 2018, 73 (2).

［86］郭华, 王灵恩, 马恩朴. 食物系统认知进展及其地理学研究范式探讨［J］. 地理科学进展, 2019, 38 (7).

［87］丁力. 走进美国现代农业体系［N］. 中国乡镇企业报, 2001-03-16 (4).